行为设计学

The Power of Moments

[美]奇普·希思 丹·希思_著 靳婷婷_译

打造峰值体验

Why Certain Experiences Have Extraordinary Impact

中信出版集团 · 北京

图书在版编目（CIP）数据

行为设计学．打造峰值体验 /（美）奇普·希思，（美）丹·希思著；靳婷婷译．-- 北京：中信出版社，2018.8（2025.4 重印）

书名原文：The Power of Moments:Why Certain Experiences Have Extraordinary Impact

ISBN 978-7-5086-9024-7

Ⅰ．①行… Ⅱ．①奇… ②丹… ③靳… Ⅲ．①商业心理学－研究 Ⅳ．① F713.55

中国版本图书馆 CIP 数据核字（2018）第 118453 号

行为设计学：打造峰值体验

著　　者：［美］奇普·希思　丹·希思
译　　者：靳婷婷
出版发行：中信出版集团股份有限公司
（北京市朝阳区东三环北路 27 号嘉铭中心　邮编　100020）
承 印 者：河北鹏润印刷有限公司

开　　本：880mm × 1230mm　1/32　　印　　张：9.25　　字　　数：210 千字
版　　次：2018 年 8 月第 1 版　　印　　次：2025 年 4 月第 22 次印刷
京权图字：01–2018–1345
书　　号：ISBN 978–7–5086–9024–7
定　　价：68.00 元

关于封面设计的故事

美国知名行为心理学家希思兄弟发现，那些令人愉快的峰值时刻大致包含 4 种因素：1. 欣喜。2. 认知。3. 荣耀。4. 连接。封面设计是基于文内提出的峰值四个关键参数，设计出一个关键词为“打造峰值体验”的行为设计学操控界面：欣喜、认知、荣耀和连接，这 4 个可以被量化的峰值指标在视觉上直截了当地呈现为数值条状态。

《打造峰值体验》兼具趣味性和实用性，封面设计也努力着笔于趣味性和实用性——“打造峰值体验”旋钮制造的峰值参数的最大化。这本书描述的峰值体验，是针对主体和客体双重角色的论述，所以，封面使用的手势是“我爱你”。

周滕家二郎

本书设计师

行为设计学：打造峰值体验

目 录 | CONTENTS

第三部分 荣耀时刻

第四部分 连接时刻

推荐序一

体验时代，已经到来

你经历过的最难忘的瞬间是什么？你预期将来还会经历哪些重要时刻？

有些瞬间给你留下了美好的回忆，有些瞬间让你充满荣耀，有些瞬间给你带来了影响一生的启示。我们在某种程度上就是被这些瞬间所定义的，它能告诉你到底想成为一个什么样的人，你到底能做什么，你到底想要什么，你到底能承受什么。也许人生的意义就在于体验这些瞬间。

而希思兄弟说，体验是可以被设计的。

想象一下这样的情景：入职第一天，你刚到公司门口，就有一位打扮非常正式的女士来迎接你。她领着你在公司走了一圈，向你介绍了各部门的情况，然后把你送到办公桌前。办公桌旁边挂着一条横幅，上面写着“新人在这儿！”，全公司都能看见。桌上有一份礼物，是一个不锈钢材质的公司产品模型。你打开电脑，屏幕上出现了一幅代表公司理念的美丽图片。你打开邮箱，看到了一封来自首席执行官的邮件，他对你加以鼓励，希望你在入职的第一天有好心情，也希望你在公司能享受一段愉快的工作体验。整整一上午，不断地有人过来跟你打招呼，向你做自我介绍，对你嘘寒问暖。

你觉得这种入职体验怎么样？是不是觉得公司这么重视你，你一定要好好干，报效公司？其实，这一套入职体验并不是公司自发地想出来的，而是一家咨询公司给设计的。这家咨询公司在很多国家都推行了这种新人入职体验服务，有的员工甚至想先辞职，再重新入职——就是为了体验这种待遇。

心理学中有个说法叫“峰终定律”（peak-end rule），大致意思是，一段经历最让人印象深刻的，是它的峰值瞬间——最好和最坏的体验——和结束的瞬间。至于总时间长度，以及其中不好不坏的体验，我们则常常忘记。比如你去迪士尼游乐园玩一整天，可能绝大部分时间里都在排队，真正刺激的时刻很少。但是几天过后，你能回想到的只有那些精彩的瞬间。希思兄弟认为，“峰终定律”概括得还不够全面，其实只要是重要的时间节点，都令人难忘。比如入职第一天、上学第一天、结婚纪念日，到一个新地方开始新的生活，等等。我们对往事的回忆，要么就是在峰值上，要么就是在节点上的瞬间。

如果能为他人制造这些节点和瞬间，他们就会听你摆布。

1930年，哈佛大学心理学家伯尔赫斯·弗雷德里克·斯金纳发明了一个实验装置，将老鼠关在盒子里，其中有一根控制杆，老鼠只要一推控制杆，下面就会有食物出来。实验结果是老鼠很快就学会了推控制杆。斯金纳说，人的行为也是这样——设计好激励和奖励措施，他就会听你摆布。这个洞见非常了不得，斯金纳几乎开创了心理学的一个新门派！别的心理学家都是被动地观察人类行为，最多是看到别人有心理疾病，给他治疗一下，而这一门派却是要主动左右人类的行为！

时至今日，这一门派有了正式的名字，叫作“行为设计学”（Behaviour

Design)。现在它的掌门人是斯坦福大学的 B. J. 福格。福格的最大贡献在于，他把行为设计学跟计算机软件和互联网应用联系在了一起，造就了一个个巨大的商机：

- 教育软件怎么才能让学生愿意花更多的时间学习？
- 财务软件怎么引导人们存更多钱？
- 发一封电子邮件，怎么能让人们看完就会立即购买你的产品？
- 游戏和手机应用软件怎么能最大限度地吸引你的注意力？

怎么设计，才能让别人听你的，去做一件事？福格说了三点：

第一，这个人必须自己想做这件事——需要有意愿。

第二，这个人必须能做到这件事——这件事越简单越好。

第三，你要提醒他做这件事——这就是一般软件、应用和广告做的事情。

只有满足了前两点，你的提醒才有意义。如果他根本没有意愿，你发的广告就会被视为骚扰；如果他有意愿购买，但是购买流程太复杂，他就会感到困扰，索性不买了。

如果一个用户的意愿很强，他做这件事又特别简单，你的提醒又恰到好处，那就会有一个特别好的效果——他会养成做这件事的习惯。所以什么叫品牌？品牌就是你培养了用户的使用习惯。

以培养用户习惯为目标——其实就是以让用户上瘾为目标，福格又给出了两条经验：

第一，是让用户在第一次接触你的东西时就有一个好印象。这就是为什么你在头等舱刚坐下，空姐就为你端来一杯香槟；这也是为什么苹果公司特别注重开机，甚至开箱体验。

第二，是让用户能经常获得成就感。比如微博、微信，这些社交网络为什么让人上瘾？因为你每发一条状态，就有可能收获回复和点赞，就有可能吸引新的粉丝。哪怕是一个小小的赞，也能给人带来一次愉悦的小情感波动！

在现在这个时代，消费的趋势已经从“购买东西”转向了“购买体验”。生产自动化导致东西越来越不值钱，买回家还占地方。很多高级消费在于购买体验，比如旅游、参加音乐会，到现场观看重大比赛。对于商家来说，用户体验就是商机，其带来的最直接的好处就是提升黏性，产生利润。

重点是，如何像设计行为那样，去设计让用户满意的体验？希思兄弟研究发现，在重要时刻加入如下四种因素中的一种或几种，便能打造让用户难忘的峰值瞬间。

第一个因素是欣喜，即制造惊喜，给对方超乎寻常的感受。制造欣喜有三个方法：提升感官享受、增加刺激性、打破脚本。书中有一个洞见，探讨为什么那些进行体育训练的人每天的训练特别辛苦，但是一天到晚特别有干劲儿。而在校学习的学生其实没有他们辛苦，为什么常常萎靡不振呢？因为体育有比赛，而学校的日子太枯燥。虽然学生有考试，但是考试没有观众，无法颠覆学生对于平淡学校生活的预期。

第二个因素是认知，即让人获得一个洞见，意识到自己的潜能或者不能。我第一次做真正的物理研究，是在大学毕业前一年。当时我选修了一门研究生的课程，讲课的陈教授就鼓励我上手做点儿研究。我一开始没想好做哪个方向，后来自己主动找到他，说我想要跟他做点儿事，能不能给我找个课题做。陈老师说，你等我想想。

第二天，陈老师打电话到我宿舍，让我去图书馆找一篇论文看。我一听论文编号，心里就激动了。那不是20世纪七八十年代的老论文，而是主流期刊《物理评论A》上刚出来的新文章！我当时的感觉，就好像一个青年队的足球运动员，突然被教练告知今天晚上这场中超联赛让你上场一样。

物理学的学习曲线非常漫长。你上大学的绝大部分时间都是在听课、看书、做题、考试，钻研几十年前甚至上百年前的理论，而这些行为都不是做科研。而我从研读那篇论文开始，跟着陈老师做起了真正的研究。我在大学最庆幸的经历就是陈老师给了我上手科研的机会，而且这件事的结果是我发表了平生第一篇物理论文。那是一段美妙的体验。我这才知道科研到底是怎么回事，知道了自己到底能不能做科研。

第三个因素是荣耀，来自认可，来自里程碑的设立，来自关键时刻表现出的勇气。很多年前，我刚到美国留学，和几个中国同学都要学开车。那时，我发明了一个理论——开车技术分为四个境界：

- 第一境界是你能够熟练地在训练场里绕着圈开。
- 第二境界是你会遵守交通信号指示、路上遇到别的车时 不感到紧张，能从市区中的一个点开到另一个点。
- 第三境界是你敢上高速公路，到城市以外有10分钟车程的一家超市去买东西。
- 第四境界就是你能开一个小时的车，其中大部分时间是在高速公路上，去机场接送一个人。

我给每个学车的人都讲了这个分级理论。过了一段时间，我发现我的这个理论被接受了，有的同学在练车的时候，也会引用我的理论——“按照万维钢的说法，谁谁现在到第几级了。”

所以这件事情也给我带来了成就感。这就是里程碑思维。每到达一个里程碑，你都会感觉到一个实实在在的进步。

第四个因素是连接，即和他人联系在一起的感觉，共享美好或痛苦时刻。很多实验证明，如果一个团队一起经历过困难的时刻，一起奋斗挣扎过，一起体会过痛苦，这个团队的凝聚力会特别强。中国人说好关系是“一起扛过枪、一起同过窗……”还是有道理的。所以，就算有条件远程工作，也应该时不时地组织一次集体活动，让团队成员能面对面地交流。现在有些公司把人拉出去在野外进行生存训练或者军训，也是有道理的。

这本书满满的都是“套路”。你对待这本书最正确的态度，就是把它当作一本武功秘籍……或是菜谱。希思兄弟的风格比较学院派，逻辑严密，涵盖了大量的研究结果和真实案例，技术含量和思维密集度非常高。如果他们两个就某个课题写本书，那你基本上可以放心，关于这个课题，目前学术界所知道的、你能知道的，都在书里了。这本书里有很多有趣的真实故事，两兄弟下了很大的功夫做了各种调研，而且这些故事特别新颖，几乎都是我以前没听过的。如果你对故事感兴趣的话，应该仔细读全书，它比微博上那些社会新闻强太多了。

我们知道，很多心理学所谓的研究结果并不靠谱。但我想，我们了解这些研究的目的并不是为了“学习正确的心理学”，而是为了掌握一两个平时办事能用上的心理学“套路”。“套路”不一定都有效，但是你知道的“套路”越多，遇到事情就越有办法。人和人之间的差别很大，如果这招对她没有效果，我们还有别的招。

我们大概可以预测“体验设计学”将会越来越流行。我们知道人的意识就是主观的体验，赫拉利在《未来简史》里也说，现在宗教不能给人提供意义了，也许人生的意义就变成了经历各种体验。体验时代，已经到来。

万维钢

物理学家、畅销书作家

推荐序二

将更多的心，放到每一刻

提笔写下这篇序言的时候，我和家人正在澳大利亚的黄金海岸旅行。这里有着和煦的阳光和清澈的蓝天，是我们一家人最爱的度假胜地。于是因这本书的缘故，我也特别留意身边的各种难忘时刻。

几天前，我们驱车前往天宝灵山，那里距离黄金海岸有一小时的车程，沿途风景秀丽壮阔，阳光、蓝天与山的翠绿像是一幅在窗前移动的油彩画。我们在一个山镇的乡村市集停下来，我太太在那儿买了一张手工制成的樟木小矮桌，两个孩子开了卡丁车，吃了当地小农做的热狗（长到用两块面包并排夹起来还有剩余）。接着，我们去一个能俯瞰整个山谷的风景区拍了很多照片，并在阳光下喝咖啡。我女儿千千很兴奋地跑来跑去，但不小心摔跤擦破了膝盖。回程的路上很堵，我们绕路去了一家著名的海产店，吃了新鲜的大虾和澳洲人的“国民”食物“炸鱼和薯条”，天黑了再开车回酒店。

就寝前，我和孩子们一起回顾了当天的经历。根据积极心理学的研究，“一起回顾开心的一天”是营造家庭幸福感很有效的技巧。而身为心理学研究者，这种互动对于我来说也特别有意思，因为我发现每个人的记忆点都不相同。

我问他们："今天最难忘的是什么？"

孩子们先是回答"吃海鲜"，然后是"吃热狗"，还有"去了一个没开门的地方"（什么？），竟然一点儿都没提到沿途的美丽风景、妈妈很纠结才买下的野餐桌、刺激的卡丁车，甚至连女儿都没提到自己跌倒受伤这件事。

我太太笑着说："如果你们觉得最难忘的都是日常的吃吃喝喝，那我们出国跑这么远一趟是为什么呢？"

当然她是在开玩笑，不过每次发现别人的记忆点与我们的不同，甚至没注意到我们觉得该注意到的事情时，我们不免会有点儿失落，心里会想"你是不是根本不在乎？"

所以，尽管我们希望能给所爱的人制造终生难忘的时刻，我们也必须知道这种事情见仁见智，而每个人如何看待一段经历，并在心中给予它的重要性和个人意义，才是最重要的，也是我们无法指定的结果。

但这并不意味着只要"随遇而安"就好，从希思兄弟的《行为设计学：打造峰值体验》这本书的角度来说，这恰好也是我们要特别补足的一课，即如何在我们的日常生活里，为自己和他人设计有共同记忆的"峰值体验"，给那些原本看似普通的时刻，赋予更多的力量。

因为我们一生中的每一天，都充满了各种稍纵即逝的片刻，而且多半不会给我们留下任何印象。但当我们回顾一生时，往往会发现，那些改变我们最多的，都是一些"有意义的片刻"。当我们理解了这个道理时，就可以采取行动，主动设计我们生活中的各种经验，为自己、他人，甚至我们的工作/品牌，创造出有情感、有力量，让人一辈子难忘的"片刻"。

而这样的"行为设计"并不复杂，关键在于让这些时刻"脱颖而出"。

书中讲到一个很窝心的案例：一个小男孩和家人度假归来，惊觉自己心爱的玩具长颈鹿乔西被遗忘在酒店了。眼看着一场小小的家庭危机就要爆发，父亲马上安慰孩子道，“乔西只是还在度假”，接着便联系酒店工作人员，请他们寻找乔西并尽快寄来。这位父亲也请工作人员先拍一张乔西的照片传过来，好让孩子看到后安心。

但出乎意料的是，酒店的工作人员不只发来了一张照片，而是一整部相册！里面有乔西躺在游泳池边的长椅上、乔西开着高尔夫球车、乔西在水疗馆做美容（眼睛上还敷着黄瓜片）、乔西和酒店里的鹦鹉一起聊天……透过这个既用心又玩心十足的举动，酒店把一段小插曲转为这一家人可能会终身难忘的回忆。这件事传出去后也让酒店名声大噪，可以说是一个相当成功的公关营销案例。

酒店工作人员的这一“善举”，可能只是找到乔西后的一时兴起，毕竟按照惯常的做法，他们只需要找到乔西、拍照、寄回，就可以了，而小男孩和父亲所预期的，也是赶紧让乔西回家，求得安心。但从“行为设计”的角度，工作人员有心或无心的举动，恰好打破了这一日常的脚本，用极佳的创意和极低的成本，讲出了一个引发尖叫的“乔西旅行故事”，从而颠覆了小男孩一家人的预期，创造出了“峰值时刻”。

而这一行为设计本身，并非要有特别宏大的剧本或筹备，所需要的只是“有心”和“设计”。所以当我们有了这样的意识，并且懂得行为设计的诸多技巧时，那么无论是在个人生活里，还是在工作和商业场合中，我们都可以通过这种“颠覆预期”和“创造乐趣”的原理，制造难忘的经历。

我们还可以通过行为设计，为某些遭遇赋予更多的意义和力量，帮助我们改变坏习惯、激励学生和员工，甚至将挫败变成正面的转折点。这都是这本书为我们提供的许多有价值的观念，为我们创造积极的人生和正向的心态，提供了许多具有实际操作意义的方法。

在现代生活中，我们常常感到日子在繁忙中匆匆而过，一天下来，一年下来，有多少片刻能够留在记忆中呢？《行为设计学：打造峰值体验》这本书中也说，我们经常是“配合演出”的认命演员，许多时刻都是我们在被动接受，而不是主动创造的。所以，能够用心咀嚼生活中的点滴，从平凡中创造出充满力量的片刻，对我们人生的整体幸福感会非常重要，而这些也都符合积极心理学领军人物马丁·塞利格曼博士所提出的 PERMA 幸福方法论[①]，提醒我们“更加用心地对待每一刻，有意识地创造真正属于自己的幸福生活”。

希望每一位读者都能从这本书中获益，将更多的“心”放到每个时刻中。

刘轩

心理学者、进步空间创始人

① PERMA 幸福方法论的缩写字母，P 指 positive emotion，即积极情绪；E 指 engagement，即投入；R 指 relationship，即人际关系；M 指 meaning，即意义；A 指 accomplishment，即成就。——编者注

第一章 决定性时刻

“高三学生签名日”

克里斯·巴比克和唐纳德·卡门兹坐在休斯敦的一间酒吧里。在为他们初创的特许学校[①]的经营连续工作了14个小时之后，两人在这里放松、充电。他们一边喝着啤酒，一边看着ESPN（娱乐与体育节目电视网）频道，一边分享着这家酒吧提供的唯一一样食物——墓碑比萨。两个人并不知道，就在2000年10月的那一晚，他们距离一个将要影响成千上万人的创想，只差须臾。

ESPN正在播放美国“大学签名日”的信息，所谓“大学签名日”，是指从这一天开始，即将从高中毕业的橄榄球运动员可以签订一份报名某所特定大学的具有约束效力的“意向书”。对于大学的橄榄球球迷来说，这可是个重大的日子。

① 特许学校是自1990年以来，在美国兴起的众多公办民营学校的类型之一。——编者注

在收看这段激情饱满的报道的同时，卡门兹的脑海中突然浮现出一个灵感。他提出："我们对于运动员如此歌颂，但对于学者却完全没有类似的庆祝活动，这真是让我感到匪夷所思。"而他们的学校中那些主要来自低收入拉美家庭的孩子，却实实在在是理应得到赞颂的人。其中的许多孩子，将会成为全家第一个拿到高中文凭的人。

巴比克之所以成立这所学校，就是为了服务这些孩子。在当地一所小学教授六年级课程的经历，把他的理想打击得支离破碎。"我看到自己的许多学生抱着对学校的真切热情和对梦想的真切期待进入当地初中，但短短几个月之后，与他们再次碰面时，我发现他们眼中的希望之火完全熄灭了。"回来拜访巴比克的学生会向他倾诉诸如拉帮结派、滥用毒品，以及未婚先孕的烦心事。这些故事让巴比克心灰意冷，他知道，自己面临两种选择：要么放弃教书，让自己免受打击；要么创建一所配得上这些学生的学校。出于这个原因，巴比克于 1998 年创办了 YES 预备学校，而唐纳德·卡门兹就是他第一批雇用的员工。

那天晚上，在酒吧里收看"大学签名日"新闻的两个人突然来了灵感：我们能不能也打造出自己的"签名日"，让我们的学生在这一天宣布他们想要进入哪所大学呢？这场庆典能够为所有即将毕业的学生提供一个予以认可的机会，这是因为 YES 预备学校有一项规定，那就是每个学生都必须申请大学并保证被录取，即便他们最终选择不上大学，也要这样做。

随着策划的深入，两个人的热情逐渐高涨：他们决定将这个日子命名为"高三学生签名日"，[1] 在这一天，即将毕业的高三学生将享受与大学运动员一样的万众瞩目和颂扬。

大约 6 个月之后的 2001 年的 4 月 30 日，第一届“高三学生签名日”如期举行。约 450 名参与者挤进了毗邻学校校园的社区活动中心：这其中就包括 17 名即将毕业的高中生及其家人，还包括 YES 预备学校中从六年级到高中二年级的每一位学生。

每一位高三毕业生都站上讲台，宣布他们将会在秋季进入哪所大学：“我叫埃迪·扎帕塔，今年秋天，我将进入范德堡大学！”他们每人都会展示印有所选大学校徽的 T 恤或三角旗，由于许多学生在朋友面前都对自己最终选择的学校讳莫如深，因此空气中弥漫着一种悬念。每次宣布之后，整个会场都会欢声雷动。

之后，学生们在家人的陪伴下在一张桌前坐下，签署大学的录取通知书，确认秋季入学。在“签名”那一刻所迸发出的激情让巴比克为之动容：“每个人为孩子踏入大学门槛所付出的艰辛努力，都在这一刻开花结果。没有人能形单影只地走到这一步，这是大家共同努力的结果。”在活动的结尾环节，会场中很少有人不为之热泪盈眶。

“高三学生签名日”成了 YES 预备学校体系中最为重大的年度活动。对于高三学生来说，这次活动是一次庆典，是他们所取得成就的圆满总结；而对于低年级学生来说，这个活动则有着不同的意义。“签名日”举办到第三届，会场搬到了休斯敦大学的一间礼堂。这一届的观众席中坐着一位名叫梅拉·瓦尔的六年级学生，这次“签名日”初体验给她留下了深刻的印象。她记得当时在心里默想：我也可以做到，我的家人中还没有一个进过大学呢，我想要登上这个讲台。

6 年后的 2010 年，高中毕业班的学生已经扩大到 126 人，而规模急剧扩大的“签名日”活动也不得不搬到莱斯大学的篮球场，观众规模也达到了 5 000 人。那一年，有 90% 的毕业生都是家中第一个考上大学的人。

作为主讲人的美国教育部部长阿恩·邓肯为眼前所见所撼动，他扔掉自己准备好的演讲词，即兴脱稿发表演说："没有哪场篮球赛或橄榄球赛的规模及意义，能够与今天这场在这里举行的活动同日而语……感谢你们，你们不仅激励了自己的兄弟姐妹，不仅鼓舞了在座的学弟、学妹，还震撼了整个美国。"

梅拉·瓦尔便是这届高三毕业生中的一员。在她憧憬踏上这个讲台的 6 年之后，今天，她的愿望实现了。"大家下午好，我的名字叫梅拉·瓦尔，"她一边说，一边露出一个灿烂的笑容，"今年秋天，我将进入康涅狄格大学！"这所学校，是全美排名前 50 的文理学院之一。

她语音刚落，观众席便一片沸腾。

在人生中，我们都会遇到各种各样决定性的时刻，也就是那些刻骨铭心而意义重大的体验。其中的许多时刻都与机遇有很大关系：一次偶然的相遇，让你获得一生挚爱；一位新来的教师，看到了你自己从未意识到的天赋；一场突如其来的悲剧，将你稳定的生活彻底颠覆；一闪念的顿悟，让你决定不能在现在的岗位上混迹下去。这些时刻就像命运或运气的产物，又像某种更高力量的旨意，我们无力驾驭。

但是，事实真的如此吗？我们的决定性时刻一定是碰巧出现在我们的生命中吗？

"高三学生签名日"的出现并非偶然，是克里斯·巴比克和唐纳德·卡门兹主动采取了行动，为他们的学生们创造出了这一决定性的时刻。当包括梅拉·瓦尔在内的几百名 YES 预备学校的毕业生踏上讲台之时，他们其实是踏入了一个精心打造出来的时刻之中，这一时刻独一无二，并不因受人提前规划而打折扣。这一时刻，将让他们永世难忘。

我们的生活由决定性时刻构成，但我们并不需要束手等待这些时刻的来临。我们能够成为这些时刻的创造者。如果一位教师能够设计出一门学生们在多年之后仍然记忆犹新的课程，如果一位经理能够准确把握如何将一位雇员的失败时刻扭转为成长时刻，如果你能更好地懂得如何为你的儿女营造出让他们刻骨铭心的回忆，那该是怎样一派风光呢？

我们在这本书中将实现两个目标。第一，我们想要深入研究决定性时刻，并找出这些时刻所共有的特征。具体来说，让一段特殊的体验变得既难忘又有意义的因素到底是什么？我们的研究会让大家看到，决定性时刻是具有一系列共同要素的。

第二，我们想要向读者展示该如何利用这些要素打造决定性时刻。那么，打造决定性时刻的意义何在呢？它可以丰富你的生活，让你与他人产生联系，创造回忆，也可以让消费者、病人或雇员的体验变得更加愉快。

我们的生活是由一个个时刻丈量的，而决定性时刻则会在我们的回忆中长久存续下去。在接下来的内容中，我们将会告诉大家该如何打造出更多有意义的时刻。

峰终定律：记住峰值，难忘结尾

我们会记得某些体验，却会忘记另一些体验，原因何在？在“签名日”这个例子中，答案显而易见：这个活动是一场规模宏大而感人肺腑的庆典，因此理应要比一堂关于分数乘法的课程更让人记忆深刻。但是，说到我们为什么会记得假期和工作内容这些生活中的其他体验时，答案就不那么一目了然了。

对于这个关于记忆的谜题，心理学家发现了一些有违直觉的答案。比如，你带着家人一起去迪士尼乐园。在游玩的过程中，我们每小时都会给你发短信，让你用从 1 到 10 的数字来为当下那个时刻的体验打分，1 表示很糟糕，10 表示很尽兴。假如我们一共询问了 6 次，那么，你的一天就是这样展开的。

上午 9 点：把孩子们像赶牲口一样赶出酒店房间。空气里弥漫着兴奋感。打分：6

上午 10 点：父母和孩子一起到“小小世界”游玩，双方都以为对方一定会对这里的项目很感兴趣。打分：5

上午 11 点：在乘坐完“飞越太空山”过山车之后，大家体内影响快乐指数的激素都爆了表。孩子们止不住地恳求再坐一次。打分：10

正午：和孩子们一起享用游乐园里的高价餐饮。如果孩子们知道这顿饭是拿他们上大学的存款买的，估计就不会吃得那么开心了。打分：7

下午 1 点：在佛罗里达中部 36 摄氏度的高温中，你们已经在队伍里排了 45 分钟之久。你正忙着阻止儿子啃扶手栏。打分：3

下午 2 点：在走出游乐园的路上买了几顶米老鼠耳朵造型的帽子。孩子们看上去真可爱。打分：8

想要对你的一天做一个总结，我们只需算出这些评分的平均数就行：6.5 分，挺愉快的一天。

再假设，我们在时隔几周之后又给你发了一次短信，让你为游玩迪士尼乐园的整个体验打分。合理的预估答案应该是 6.5 分，因为这个分数将你一天的高峰和低谷都囊括在内了。

但是心理学家却说，这个推测与实际答案差了许多。他们推测说，在回顾迪士尼乐园一日游时，你的总体评分会是 9 分！这是因为研究发现，在回忆一段体验的时候，我们会忽略这一过程中发生的绝大多数事情，而只关注几个特殊的时刻。放在例子中具体来说，乘坐“飞越太空山”和购买米老鼠耳朵造型的帽子这两个时刻都会让你记忆犹新。要想理解这两个时刻为何比其他时刻重要，我们需要来探索一些潜在的心理因素。

让我们来看这样一个实验，在实验中，参与者需按要求经历三场痛苦的考验。在第一场考验中，他们要把双手插入盛满 13.8 摄氏度的冷水的桶中，保持 60 秒（请注意，13.8 摄氏度的水要比 13.8 摄氏度的空气让人感觉冷得多）。[2]

第二场考验与第一场类似，但是参与者需要将双手浸在水中 90 秒，而不是 60 秒，在最后的 30 秒中，水温会升高至 15 摄氏度。在这最后的半分钟里，虽然仍不好受，但是对于绝大多数参与者来说，难受的程度得到了大幅缓解（请注意，虽然研究人员对时间进行了精心的监控，但参与者却没有被告知时间过了多久）。

在最后一场痛苦的考验中，参与者面临这样的选择：你是愿意重复第一次考验，还是第二次考验呢?

问题很简单：两个选项都包括了长达 60 秒的一模一样的痛苦体验，但是第二次的考验之后额外附加了一段长达 30 秒的稍有缓和的痛苦体验。因此，这个问题实际上就像是在问：你是愿意被扇

60 秒耳光，还是 90 秒？

尽管如此，69% 的人都选择了时间更长的痛苦体验。

心理学家已经发现了导致这个令人百思不得其解的实验结果的原因：人们在评判一段体验的时候，会很容易忘记或忽略这段体验持续时间的长短——这种现象被称为“时长忽略”。看起来，人们会根据两个关键的时刻来评判一段体验的好坏：（1）最好或是最坏的时刻，也就是“峰值时刻”。（2）结尾。这种现象被心理学家称为“峰终定律”。

也就是说，在实验参与者的回忆中，60 秒和 90 秒之间的差别被冲淡了，这就是时长忽略。让他们记忆深刻的是，时间更长的考验要比时间更短的考验有一个更为舒适的结尾（顺带说一句，两场考验的疼痛峰值时刻都发生在 60 秒这个时间点上，相差无几）。

这个实验让我们明白，在回忆迪士尼乐园的体验时，我们为何会记起“飞越太空山”（峰值时刻）和米老鼠耳朵造型的帽子（结尾）。除此之外的体验，都很容易变得模糊。这样一来，你对这一天的记忆便要比你逐个小时提供的评判积极很多。

峰终定律适用于不同种类的体验。绝大多数的相关研究都将侧重点放在用时短而易于在实验室里模拟的体验上，如观看影片片段、忍受恼人的噪声等。在较长的体验中，峰值时刻仍然占据重要地位，但相比之下，“结尾”的重要性却有所减少。另外，开头也很重要：在大学毕业生被问及对于大学的回忆时，这些记忆中足有 40% 都来自 9 月！开头和结尾之间的界线可能会被混淆：如果你因新工作搬到了新城市，这到底是结尾还是开头，抑或二者兼有呢？正因如此，转折点这个词才更加合适，因为它将结尾和开头都囊括其中。

毋庸赘言，在评判自己的体验时，我们并不会取每分钟感受的平均值，而是容易记起意义重大的时刻：高峰、低谷，以及转折点。[3]

这种经验对于每一位服务行业人员都是非常关键的，无论是在餐厅、医院、客服中心，还是休闲中心，成功都与消费者的体验息息相关。我们来看魔术城堡酒店的例子，[4]据媒体报道，这家酒店在洛杉矶数百家酒店中评分位居前三，竟然将贝弗利山庄四季酒店和洛杉矶丽思卡尔顿这样的竞争对手抛在身后。人们对魔术城堡酒店的评价好得惊人：在“猫途鹰”上的 2 900 多条评价中，超过 93% 的客人对这家酒店的评价为“非常好”或“很好”。

但是，这家酒店的排名却有些令人生疑：如果浏览这家度假酒店在网上的照片，你绝不会得出诸如“这是洛杉矶最棒的一家酒店”这样的结论。室内庭院中有一个游泳池，可以算是“奥林匹克尺寸”——如果奥林匹克运动会是在你家后院举办的话。酒店的房间陈旧，家具简陋，几乎所有的墙壁都是空落落的。实际上，就连冠以“酒店”这个词都有夸张之嫌——魔术城堡酒店其实就是一座由 20 世纪 50 年代的两层公寓楼改建而来、涂上了金丝雀黄漆的建筑。

我们并不是说这家酒店看上去很糟糕，实际上，酒店的外表还是说得过去的，看上去就像一家体面的经济型汽车旅馆。但是，它再怎么说也比不了四季酒店，价格也并不算便宜，与希尔顿或万豪酒店不相上下。那么，它是如何跻身洛杉矶最受好评的酒店之列的呢？

让我们从固定在游泳池边的那台樱桃红色的电话机开始说起。你拿起电话，对面有人应声：“你好，冰棒热线。”下好单一分钟后，一位戴着白色手套的工作人员便会将樱桃、橙子或是葡萄口味的冰棒用银色托盘盛着，来到游泳池边，免费送到你手中。

这家酒店还有可供免费下单的小吃菜单，从奇巧巧克力、根啤到奇多玉米条，应有尽有。另外，酒店还有一份棋牌类游戏选单和DVD光盘选单，全部都可以免费借取。一周有三天，魔术师会在早餐时分表演魔术。我们有没有提到你可以让酒店免费清洗衣服，不限次数？衣服会在当天稍晚时被归还给你，裹在厚厚的包装纸中，还用麻绳捆扎好，并附上一小枝薰衣草。这阵势，可要比医生把你的第一个孩子交到你的手中时的场面有排场多了。

顾客们对魔术城堡酒店的评价充满了热情。酒店明白，想要取悦消费者，你并不需要对每一个细节都斤斤计较。只要能感受几段神奇的时刻，消费者们就不会抓着狭小的游泳池和无甚亮点的装修不放了。愉快的服务体验有一个让人意想不到的特点：这种体验的绝大部分时候都平淡无奇，但偶尔会让人拍手叫绝。

那么，拨通"冰棒热线"的那一刻算不算是个决定性时刻呢？放在一生中来看，当然不是（在临终前抱憾"当时我要是选了葡萄味的冰棒该多好……"真是难以想象）。

但是，若是将这一时刻放在整段假期的背景下来看，情况又会怎样呢？毫无疑问，这是一个决定性时刻。当旅游者向朋友们谈起在南加州的度假体验时，他们会这样说："我们去了迪士尼乐园，还到了好莱坞星光大道，我们住在一家叫作魔术城堡的酒店里，你肯定想不到，游泳池边居然有一部电话……""冰棒热线"是整段旅途中的一个决定性时刻，而这一时刻是人为策划好的——也是其他酒店没能营造出来的。（万豪酒店的庭院虽然美观、舒适，但你能想象出在朋友面前对万豪的庭院赞不绝口的情景吗？）

这个例子说明的问题很明显：一些时刻要比另一些时刻重要得多。对于旅客来说，“冰棒热线”这 15 分钟的体验在为期两周的假期中显得尤为突出。对于 YES 预备学校的学生来说，在长达 7 年的征程中，“高三学生签名日”的那个上午令人印象尤为深刻。

但是，我们往往会忽视这个浅显的道理。我们不大善于对这些时刻进行投资。举例来说，一位教师会对一个学期的历史课程做出安排，但他在每节课上所付出的精力都相差无几，并没有下功夫打造出几个“峰值时刻”；抑或一位主管领导着她的公司度过了快速增长期，但每周的工作都大同小异；又或者，我们与孩子们共度了一个接一个的周末，但回忆起来，所有的时光都被混淆在了一起。

对平淡无奇说“不”

我们该如何对这种平淡无奇说“不”，又该如何打造出丰富多彩的时刻呢？我们还是从基本的问题说起：我们该如何定义所谓的“决定性时刻”呢？一般说来，这个词有多种用途。有人用这个词来描述人的性格受到考验的关键时刻，比如一位士兵在战争中表现得勇敢无畏；有的人更偏向于取这个词的表面意思，几乎将之与“热门榜单”画上了等号。（比如，若是在网上搜索“决定性时刻”，便会引出一系列像是“20 世纪 70 年代电视的决定性时刻”这样的结果，毫无疑问，搜索出的条目一定寥寥无几。）

本书所说的决定性时刻，指的是一段既令人难忘又意义重大的短暂体验（这里的“短暂”是一个相对的概念，在一生中，一个月或许算是一段短暂的体验，而对于一通客服热线，一分钟则是一段短暂的时光）。在你的一生中，或许存在着几个塑造你的人格的时刻，这些就是重大的决定性时刻。但是除此之外，还存在着如“冰棒热线”这样不那么起眼的体验，放在一段假期、出国留学的一个学期，或是一段产品研发周期的背景之下，这些时刻便成了决定性时刻。

这些时刻是由哪些因素构成的，我们该如何打造出更多这样的时刻呢？在研究中，我们发现决定性时刻是由以下 4 种因素中的一种或几种构成的。

欣喜：决定性时刻要高于日常生活，因为它不仅能带来被一位朋友的笑话逗乐而产生的稍纵即逝的快乐，也能带来让人记忆深刻的喜悦。（比如，你拿起红色的电话，对方应答道：“这里是冰棒热线，我们马上就送冰棒来。”）想要打造欣喜时刻，我们就必须提升感官上的享受——冰棒必须要盛在银色的托盘上送到泳池边，这一点自不必说；在条件合适的情况下，我们还应加入让人惊喜的因素。惊喜为何能够改变我们对于时间的感知，以及为什么绝大多数人记忆最为深刻的体验都集中在 13~29 岁，我们会在接下来的内容中加以讲解。欣喜时刻是超越日常生活的体验，是名副其实的“超凡”之感。

认知：决定性时刻能够重新改写我们对于自己或对于这个世界的认识。在短短几秒或几分钟内，我们便有可能得到或许会影响我们的生活长达几十载的领悟：是时候创立一家企业了，或者，这就是我要与之白头偕老的人。心理学家罗伊·鲍迈斯特对由“不满的确立”而突然引发的人生剧变进行了研究，所谓“不满的确立”，指的就是人们恍然看清事物原貌的时刻，如“邪教组织”成员猛然意识到“教主”真面目的时刻。虽然这样的顿悟时刻看上去往往是机缘巧合造成的，但其实却是可以设计的——至少，我们是可以为这些时刻打下基础的。在一则让你反胃很久的故事中，我们会看到一支救援团队是如何通过让居民被现实“绊倒”而引发社会变革的。

荣耀：决定性时刻能够记录下我们最辉煌的状态，比如，获得成就的时刻，或是展现勇气的时刻。想要打造出这样的时刻，我们就需要对荣耀感的原理加以了解，也就是如何策划出一系列的里程碑式的时刻，积累、构建成通往更宏伟目标的道路。我们会探索“5千米跑”（Couch to 5K）这款应用程序大获成功的原因，及其它为何会比“多跑跑步”这句单纯的指令更能点燃人们运动的热情。另外，我们也会认识到勇敢之举的一些出人意料的侧面，及其带来的让人意想不到的涟漪效应。

连接：决定性时刻具有社会性——婚礼、毕业典礼、洗礼、度假、工作庆典、成人典礼、演讲，以及体育活动。这些时刻因我们与他人的分享而更加意义非凡。触发连接时刻的因素有哪些呢？我们将会看到一项令人咋舌的实验，在实验中，两位陌生人走进一间实验室，45分钟后走出房间时，两人竟成了密友。另外，我们也会分析被一位社会科学家视为让感情变得更坚固的方法，这种方法放之四海而皆准，无论对象是夫妻双方、医生与病人，还是消费者和零售商。

决定性时刻往往会激发积极的感情——在这本书中，我们会将“积极的决定性时刻”和“峰值时刻”两个词互换使用。但是，消极的决定性时刻也是客观存在的，比如，盛怒时，也就是让人们发誓“我一定要让你们瞧瞧我的厉害”的尴尬或怨怒的体验。另外，还有一种很常见的决定性时刻：那就是让我们心碎而哀怨的创伤时刻。在之后的内容中，我们会读到几篇关于人们与创伤做斗争的故事，但是，我们并不会对这种决定性时刻进行具体的探索，原因很简单：我们所关注的，是如何打造出更多积极的时刻来，因为没有人想要体验更多的伤心时刻。在后记中，我们会分享一些资料——受过重创的人们或许会觉得有用。

决定性时刻至少拥有以上4种因素中的一种，但并不需要四者兼备。比如，许多的认知时刻都是属于个人的，并没有涉及与他人之间的连接；而像拨打"冰棒热线"这样的欣喜时刻，却不会带来许多的认知或荣耀。

一些具有强大冲击力的决定性时刻都是4种因素兼而有之的。我们来看YES预备学校的"高三学生签名日"：高三学生们站上讲台时的欣喜，六年级学生心想自己在未来也能站上讲台时的认知，被大学录取时的荣耀，以及与场馆里几千名支持和鼓舞自己的人们分享这一天时的连接，全都包含其中（请在脚注中找出构成决定性时刻的各因素的首字母记忆法[①]）。

① 大家可能已经注意到了，如果将"认知"和"荣耀"调换一下顺序，我们就能得到一个非常好记的首字母缩写词：EPIC（炫酷的意思，即欣喜elevation、荣耀pride、认知insight以及连接connection的首字母缩写）。我们对这个名字是有一些犹豫的。在这样一本书中，像这样的首字母缩写词的确便于记忆，但难免有些庸俗。在过去，我们很乐意落入这种俗套之中，因为我们已经在《行为设计学：零成本改变》和《行为设计学：让创意更有黏性》这两本书中用过两个首字母缩略词来帮助读者记忆相关的框架了。在这本书中，我们决定不再重复使用这个方法。声明一点，我们并不是在劝告大家不要去追求"EPIC"（炫酷）时刻。大家将要读到的一些故事的确符合"炫酷时刻"这一名号，但是还有很多故事是既平常又私密的，或是虽痛苦却带有变革性的。"炫酷"这个词显得既浮夸，又过于肤浅。另外一个问题出于我们自身，读出"炫酷"这个词的时候，我们总觉得这个词是一个吸了毒而飘飘欲仙的人说出来的。（这样一说，大家也仿佛身临其境了，对吗？）话说到底，如果EPIC这个缩略词能够帮助你记下这四大因素，那就收下我们敬赠给你的这个词吧！这是我们最后一次提这件事了。

有的时候，这四大因素可能带有非常浓重的私人感情。你家里的某个地方或许有一个“宝箱”，里面满是别人看来一文不值而被你视若珍宝的东西。这个“宝箱”或许是一本剪贴簿，或许是梳妆台中的一个抽屉，又或许是阁楼里的一只盒子。或许，你的冰箱门上就贴着一些你最珍惜的东西，好让你每天都能看到。无论你的“宝箱”在哪里，里面都很可能包含了我们在书中讨论过的四种时刻。

- 欣喜时刻：一封情书，一张票根，一件穿旧了的T恤，还有你的孩子们信手涂鸦的、让你笑逐颜开的卡片。
- 认知时刻：让你感触良多的引言或文章，改变你审视世界视角的书籍，以及记录下你的万千思绪的日记。
- 荣耀时刻：表示认可的绶带、成绩单，以及卡片、证书、感谢卡、奖状（如果将一座奖杯丢掉，真的会让人心痛不已）。
- 连接时刻：婚礼照片、度假照片、家庭合影、圣诞节穿着丑得可爱的毛衣时的抓拍，每张照片都珍贵。若是家里着火，估计你会先抢救这些照片吧。

从本质上来讲，你所珍藏的所有这些物品，都是你人生的决定性时刻留下的纪念品。回想起“藏宝箱”中的宝贝，现在的你是何感想呢？如果你能够将同样的感情传递给你的孩子、学生、同事，或是你的客户，那该有多好呀！

时刻存在永恒。若是将一个个可能成为美好时刻的机会拱手交给概率，我们将错失多么难得的机遇呀！教师能够给人启发，看护者能够带来慰藉，社工能够传递快乐，政治家能够团结人心，而管理者则能够为人鼓劲。大家所需要的，只是一些洞见和一丝远见而已。

而这本书所传递的，便是时刻的力量，以及打造这种时刻的智慧。

第二章 瞬间思维

入职第一天：搭建认同感的好机会

回想一下，你入职第一天的体验是什么样的呢？

若说你入职第一天的体验算不上一个决定性时刻，这说法过分吗？

我们从感觉自己不受重视的员工那里听到，很多人入职第一天的体验都是这样的：你来到办公室，前台接待员以为你要等到下一周才会来报到。你被人带到一张办公桌前，桌上有一台显示器和一条网络电缆，另外还有一个文件夹，却没有摆放电脑主机。办公椅上还残留着上一任主人的屁股印，就像是一具人体工学的臀部化石。

你的上司还没有来。前台接待员给了你一份职业道德和纪律规范说明让你阅读，然后对你说："你先看看这个，我过几个小时后再过来好吗？"关于职场性骚扰的规范既全面又冗长，你对你的同事不禁有些生疑。

终于，一位在同楼层办公的热情同事过来向你做自我介绍，然后匆匆带着你到办公室里转了一圈，打断了 11 个人的工作，把你介绍给他们。这让你担心自己是不是在入职的第一个小时里就把所有同事都给招惹了一遍。你立刻就把他们的名字忘得一干二净，除了莱斯特。关于性骚扰的规章是不是为他量身定制的呢？

这种情形听起来是不是似曾相识？

人们对员工入职第一天的关注少得令人难以置信。这是一个为新来的团队成员打造归属感和被重视感的良机，错过真是可惜。想象一下，如果你拿对待新员工的态度来对待初次约会的对象，那会是怎样一番情景：“我还有几场会议要开，你先坐在副驾驶座上等我，我几个小时后再回来好吗？”

想要避免诸如此类的疏忽，我们就必须认识到何时何地会需要特殊时刻的出现。我们必须学会瞬间思维，辨识出哪些时机是值得投入时间和精力的。

这种“辨识时刻”的习惯或许会让我们觉得有些别扭。举例来说，在企业中，每个人都紧盯着目标。时间只有在被用来凸显或衡量我们的目标时才有意义——目标就是全部。

然而对于个人来说，时刻才是重中之重。时刻让我们铭记，也让我们珍惜。诚然，我们会因跑完一次马拉松或是成功签约一位大客户而庆祝目标的实现，但是，成就的载体毕竟还是一个个的瞬间。

每种文化都有自己既定的重大时刻：生日、婚礼及毕业典礼这些自不必说，另外还有节庆、葬礼，以及政治上的传统。在我们看来，这些时刻都是“自然存在”的，但是不要忘了，这每一个时刻都是人类发明的产物，都是想要给时间安插一定形态的无名作者们脑中的构想。这就是我们所谓的“瞬间思维”：在单调的生命中，寻找应该凸显的节点。

我们将会探讨三种值得凸显的事件：转变事件、里程碑事件，以及低谷事件。转变是一种很典型的决定性时刻。许多文化都拥有自己的“成人礼”，比如犹太教中为男孩和女孩举办的成人礼，或是墨西哥的成人礼等。在巴西亚马孙的萨特利－马维部落，13 岁的男孩要戴上一双手套——里面装满了愤怒的、随时准备发动攻击的蚂蚁——直到双手伤痕累累之后才算成人。[1] 不用多想，一定有人问过：“我们怎样才能让难熬的青春期显得更为艰难呢？”

成人仪式是一条界线，意在让从青少年到成年这种原本缓慢的进化变得泾渭分明。昨天，我还是个孩子；而今天过后，我就是个成年人了（一个双手被叮咬肿胀的成年人）。

和里程碑事件与低谷事件一样，转变事件也是自然的决定性时刻。无论有没有举办婚礼，结婚这一转变都是生命中的一个决定性时刻。如果我们能够认识到这些自然而来的决定性时刻有多么重要，我们就能够对之加以塑造，也就是说，我们能够将这些时刻打造得更加让人难忘和有意义。

这种思维模式让我们看到，入职第一天这段体验是值得投资的。对于新员工来说，入职第一天可谓将三大转变融于一体：脑力上的转变（新的工作）、社交上的转变（新的朋友），以及环境上的转变（新的场所）。不应该在入职第一天围绕任务清单上的一堆官僚习气浓重的事项展开体验，而应该将其打造成一个“峰值时刻”。

拉尼·洛伦茨·弗莱伊懂得这其中的机遇。弗莱伊曾在约翰迪尔公司的国际品牌策略和市场营销部门供职，她听公司在亚洲的高管们说，他们在员工的团结和留任方面力不从心。弗莱伊表示："约翰迪尔在亚洲不算非常知名的品牌，不像在美国的中西部，祖父一辈估计人人都有一辆约翰迪尔拖拉机。"出于这个原因，员工们对于这个品牌缺乏情感认同。

弗莱伊和她在品牌团队的同事们看到了一个搭建认同感的机遇，而这个机遇必须要从员工入职的第一天就开始打造。团队与客户体验顾问刘易斯·卡蓬协作，设计出所谓的"第一日体验"。[2]他们希望员工能这样度过入职的第一天（你或许会发现一些与上文中的第一日体验的不同之处）。

> 接到约翰迪尔的录取信不久，你就会从约翰迪尔公司的一位好朋友那里收到一封邮件。我们暂且给这位好朋友取名叫安妮卡。她会做自我介绍，也会分享一些基本信息：停车场在哪里，着装标准是什么，诸如此类的信息。她还会告诉你，她会在你入职当天的早上9点在大厅里迎接你。
>
> 入职第一天到了，你停好车，然后开始往大厅里走。这不是安妮卡吗！你看过她的照片，因此认得她。她指了指大厅里的平板显示器，上面有这样一句标语，字号很大："欢迎阿尔俊！"
>
> 安妮卡把你带到你的办公间。办公间旁边摆着一幅高过办公间隔板的6英尺[①]的标语，提醒大家，有新员工入职了。一整天里，公司的员工们不断来到办公间向你问好。
>
> 在布置办公间的时候，你注意到了电脑显示器上的图像：这是一幅精美的照片，上面是落日余晖下农场上的一台约翰迪

① 1英尺约为0.3米。——编者注

尔拖拉机，照片上写着："欢迎展开你此生将会从事的最为重要的工作。"

你发现，你的邮箱里已经有了第一封邮件。这封邮件是约翰迪尔的首席执行官萨姆·艾伦发来的。他在一部短视频中简单聊了聊企业的使命，那就是"为世界上不断增长的人口提供所需的食物、住所及基础设施"。他在视频结尾表示："希望你在入职的第一天有个好心情，也希望作为约翰迪尔团队一员的你享受一段长久、成功而有意义的工作体验。"

然后，你又发现你的办公桌上摆着一份礼物。这是约翰迪尔在 1837 年创造的原版"自动抛光式犁"的不锈钢复制品。礼物还附有一张卡片，上面解释了这款犁大受农民喜爱的原因。

到了中午，安妮卡领你与几位同事离开办公室，共进午餐。大家询问了你的背景，也向你介绍了他们正在做的一些项目。当天下午，部门经理（也就是你上司的上司）过来找你，商量下周与你一起吃午饭。

当天离开办公室的时候，你心想：我是这里的一员。我们做的工作是有意义的。我对公司成员来说是有分量的。

约翰迪尔的品牌团队做完了"第一日体验"的方案之后，亚洲几国分部的一部分办公室便开始加以实施。这个方案在北京分公司大受欢迎，之前进入公司的员工开玩笑地说："我能不能先辞职，然后重新加入公司呀？"在印度，这个方案帮助约翰迪尔在竞争激烈的劳动力市场中找到了独特的立足之地。

全世界的每一家机构是不是都应该拥有自家版本的"第一日体验"呢？

反转婚礼：用仪式感刷新自我

约翰迪尔的“第一日体验”是在转变过程中营造的“峰值时刻”。当人生的重大转变缺少了某个“时刻”的时候，这种转变有时便失去了支撑，让许多人因为不知道该做何反应或是该套用哪套规则而感到茫然。肯尼斯·多卡是一位心理健康咨询师，也是一位对“悲痛”这种情感有着深入研究的专家，让我们来看看他分享的一段故事。[3]

一位女士的丈夫因卢伽雷病（肌萎缩侧索硬化，或 ALS）去世，她找到了多卡，并表示这段婚姻很幸福，自己的伴侣是一位优秀的父亲，也是一位尽责的丈夫。然而，卢伽雷病是一种残酷的退行性疾病，丈夫的病情逐渐加重，变得越发需要他人的照顾，这给两人造成了很大的负担。丈夫是一家小型建筑公司的老板，是个很爱面子的人，用妻子的话来说，他“对于生病这事有些手足无措”。两人从未像当时那样吵得天翻地覆过。

但是，两人都是虔诚的天主教徒，对婚姻抱有极大的信心。这位女士说，每天晚上，熬过了一天的两人都会在床上手牵手，让戒指相触，并对彼此复述结婚誓词。

找到多卡时，这位女士已经丧偶 6 年。她告诉多卡，自己已经做好了重新恋爱的准备。“但我不能摘掉我的结婚戒指，”她说，“我既不能戴着之前的结婚戒指约会，又不能把它摘下来。”她相信婚姻是一辈子的事，但她也知道，自己已经履行了当年的承诺。她很迷茫，不知该何去何从。

多卡对“疗愈仪式”的力量进行了全面的描述，以帮助那些深陷悲痛的人。他认为，这位女士需要通过一项“转变仪式”来摘掉戒指，这个建议也得到了这位女士的认同。因此，经过女士的认可，多卡与她的神父一起为她举行了一个小型的仪式。

在一个周日下午的弥撒之后，“转变仪式”在这位女士结婚的教堂正式举行。神父将她的密友和家人召集在一起，他们当中的很多人都参加过她的婚礼。

神父将大家召集到圣坛周围。然后，他开始向这位女士提问。

“你是否在顺境与逆境中都忠诚不渝呢？”

“是的。”她回答道。

“无论健康还是疾病都是如此？”

“是的。”

神父使用过去式语态带着她复述了结婚誓词。在众人面前，她给出了肯定的答复，表明她的确做到了忠贞不渝，也的确深爱并敬重她的丈夫。

接下来，神父问道：“请问，能不能把你的结婚戒指交给我？”她将戒指从手指上摘下来，交给了神父。她事后告诉多卡，戒指“就像附了魔力一般脱落了下来”。

神父接过了她的戒指。他和多卡已经事先做好准备，将她的戒指与她丈夫的戒指互锁在一起，然后固定在两人的结婚照前。

这场仪式给了这位女士一个机会，让她在自己和自己所爱的人面前证实她已经履行了自己的承诺。这场仪式让每个在场的人明白，她的身份就要发生转变了。这个时刻，给了她一个重新开始的机会。

这段关于“反转婚礼”的故事，表达了一个非常重要的思想。找到多卡的时候，这位丧偶的女士已经做好了再次开始恋爱的准备。毋庸置疑，就算不来找多卡，她也终有一天会自己做决定再次投入恋爱之中。这或许需要一个月、一年，或许需要 5 年。在这段左右摇摆的日子里，她一定会感觉到心神不定：我做好准备了吗？如果说我做好了准备，那么这是不是“大逆不道”的呢？多卡故事中的这位女士所需要的，就是一个能够体现出她正在经历的这段转变的里程碑式的时刻：周日下午的仪式之后，我就能翻开人生新的一页了。

对于这种里程碑式的时刻，我们天生就对它有一种渴望。我们拿新年下决心的风俗来举例。沃顿商学院的教授凯瑟琳·米尔克曼表示：“新年伊始，我们会觉得自己拥有了一块崭新的白板。这就是所谓的‘全新开始效应’……我过去所有的失败都被留在了去年，这样我就能畅想，‘那些事不属于现在的我，它们属于过去的我，过去的我不是现在的我，全新开始的我是不会重蹈覆辙的’。”[4] 这种认识，让她感觉很有意思。

换句话来说，实际上，新年决心的醉翁之意并不在“决心”。对于绝大多数人来说，大家的决心其实是千篇一律的。12 月 31 日，几乎所有人都想要减肥和存钱。我们在新年当天所做的，其实更像一种心理上的清账。我们过去的失败都被留在了“过去的我”的账簿上，“全新的我”则从今天开始得以重生。

说实话，新年决心应该被称为“新年赦罪”才是。

米尔克曼认为，如果她的“全新开始效应”的理论正确，那么，这种抹掉过去的效应便不再只是新年当天的专利。一个月的伊始，甚至于一周的开始，在这些让我们与过去一笔勾销的意义重大的日子中，也应当有这种效应的身影。

米尔克曼和她的同事戴恒晨记录了一家大学健身中心的出勤记录，并从中发现了支持他们“全新开始效应”假说的强有力的证据。每周、每月，以及每学期的伊始，到健身房健身的学生数量分别会增加 33%、14%、47%。

也就是说，“全新开始效应”不仅仅出现在新年当天，也出现在所有里程碑式的日子里。如果你正苦于不知该如何跨出转变的一步，那就打造一个决定性时刻，在“过去的你”和“全新的你”之间画一条分界线吧。

人们生来渴望里程碑

某些重大日子的日期几乎是全球共通的。研究人员亚当·奥尔特和哈尔·赫什菲尔德进行了一项调查，他们让参与者具体指出一个人一生中最为重要的几次生日。以下是“胜出者”（按得票数排列）。[5]

18 岁

21 岁

30 岁

40 岁

50 岁

60 岁

100 岁

这些都是里程碑式的生日，其中的每一个都值得庆祝一番——但百岁大寿时，如果你的“里程计”还在运转，估计心里会有些苦甜参半吧。除了分别打上选举权和饮酒权烙印的 18 岁和 21 岁生日，其他生日的数字没那么界限分明。虽然 50 岁生日让人感觉像跨过了一道很大的门槛，但事实并非如此。一生中的每一天，你都只是比前一天的自己年长了一天而已（除非夏令时[①]果真是什么“黑魔法”）。年龄的增长是一个非常缓慢的过程，为了在生命中增加一些意义，我们设置了 30 岁、40 岁、50 岁这些门槛，然后又在这些年龄悄然将至的时候不知所措。

这些事件虽然有随意性，但意义并不因此打折：里程碑终究是里程碑。像毕业典礼这样的决定性时刻凸显的是转变，除此之外，40 岁生日派对、银婚纪念之旅、标在牌匾或金表上的 30 年工作纪念日等仪式，则是用来纪念那些里程碑事件的。

人们仿佛生来就有关注里程碑事件的本能，因此我们不再多谈。然而，与转变性时刻相关的许多里程碑事件却没有引起人们的关注。比如，学生在这方面就很吃亏。没错，我们的确会注意到他们在“学习成绩上”有所进步，但是，为什么不在他们入学千日，或是读到第 50 本书的时候举行庆祝仪式呢？为什么不在教师教到第 1 000 名学生时庆贺一番呢？

在这个以应用程序和个人跟踪设备为王的时代，不少公司都找到了凸显里程碑事件的诀窍，而这些事件在以前是很难被发觉的。“Pocket”是一款将网上的文章保存到用户手机里，以备过后阅读的应用程序，并会在用户读到第 100 万个词的时候发邮件提醒用户；健身跟踪记录手环 Fitbit 会给用户赠送礼物，[6]比如，在爬过 4 000 层台阶之后，用户便会得到一枚“747 勋章”（4 000 层台阶的高度与波音 747 的飞行高度相近）；除此之外，还有一种“帝王迁徙勋章”，这种勋章的由来是这样的：“每年，帝王蝴蝶都会飞过

---

① 夏令时制是一种为节约能源而人为规定地方时间的制度，在这一制度实行期间，所采用的统一时间被称为“夏令时”。一般在天亮较早的夏季，人为将时间调快一小时。——译者注

2 500 英里[①]的距离，迁徙到更为温暖的地区。拿下 2 500 英里距离的您，给这些蝴蝶造成了不小的压力呢！”

只用了一封邮件，这些公司便巧妙地打造出了充斥着荣耀感的决定性时刻。只需花点儿心思关注里程碑事件，就能打造出这样的时刻。

从核磁共振仪到“丛林大冒险”

想要以一时一刻为基点来看问题，你不仅要了解转变事件和里程碑事件，还要熟悉第三种体验：低谷事件。低谷与高峰全然相反，低谷是负面境遇的决定性时刻，是艰难、痛苦，或是手足无措的时刻。

低谷需要被填平。这一点，几乎是人皆有之的常识。比如，迪士尼乐园知道人们讨厌排长队，因此便组织了一些有趣的展览来吸引大家的注意，让演员们与游客进行互动，或是在大家等待的时候把期待情绪调动起来，通过在这些方面的改善来填平低谷。这一点在我们的私人生活中也同样明显。如果你的爱人正处于痛苦状态之中，那么不用研究关于决定性时刻的书籍，你也会知道，应该给予其关照才是。

但是，就如我们看到的一样，常识所涉及的范围终究是有限的。毕业属于常识，但入职第一天的体验却不是常识；40 岁生日派对属于常识，但入学 1 000 天的庆祝派对却不算常识。低谷也一样。我们举个简单的例子，比如，有个人借了一辆车，但在车辆的

① 1 英里约为 1.6 千米。——编者注

借期中离世了。不用说，你的常识一定会告诉你，死者的家人只需把车归还给你，然后终止租借合同就行了。然而，大错特错！绝大多数的汽车金融公司并不把这看成是自己的一个雪中送炭的机会，而是会要求：交租金！[7]不过，梅赛德斯－奔驰金融服务却与竞争者不同，他们不仅为借车者的家人寄去一封慰问信，还主动提出免除租金。

或者，我们也可以想一想那些刚刚获知自己罹患癌症的病人。医生和护士们都明白，在这种艰难的时候，要拿出同情心并给予帮助。但是，慰藉的效力是有限的。快速而有效的行动是不是更有效果呢？很多病人必须要等待几周或者更长的时间才能见到自己的医生团队，然而，美国山间医疗保健公司的医院就不会出现这种情况。[8]伦纳德·贝里和他的两位同事表示，在被确诊罹患癌症后的一周内，病人及其家人便会受邀来医院进行一次会谈。他们待在一间房间里，而外科医生、肿瘤医生、膳食专家、社工，以及护士等医护团队的成员则会轮流进出房间，参与会谈。一天结束，走出医院的病人便有了一份全面的护理计划和一套妥善安排的会诊时间表。然而，这并不会让慰藉病人的重要性打折。给予慰藉是不可或缺的，这一点毋庸置疑。这只是表示，给予慰藉是常理之中的事，但事先安排一次确定“作战计划”的全面而紧急的会谈并不是常理所趋，而是为填平低谷而特意下的功夫。

低谷有时还可能反转为尖峰，这一点，可谓最不符合常理的了。有一项关于接待服务的研究，要求消费者们回忆最近与航空公司、旅店或是饭店的员工之间满意或不满的交流体验。在消费者们提供的积极体验中，几乎 25% 的事件都涉及员工对于服务太慢、弄错订单、预订信息遗失，或是航班延误等服务上的失误采取的措施。[9] 如果员工们能很好地处理这些突发情况，就能把消费者的消极时刻转化为积极时刻。每一家伟大的服务企业都是补救高手。（一位建造定制房屋的企业高管与我们分享了一条从他的消费者满意数据中总结出的心得。他表示，要想实现消费者满意度最大化，完美并不是上策。你可以搞砸两件事情，让消费者把失误告诉你，然后你再不遗余力地加以补救。谢天谢地，他还没有指示他的团队去有意犯错。但是我们能看出来，他确实动过这个心思……）

能够洞察消费者的不满和无助，并果断采取行动予以支持的商业领导，可以轻而易举地从竞争者中脱颖而出。在别人困难之时主动提供帮助，这种做法本身就意义重大，而且能给人满足感。另外，雪中送炭还能为企业带来积极的影响。

我们来看看通用电气的工业设计师道格·迪茨的故事。[10] 他在一款新型核磁共振成像仪的设计上花费了两年，2007 年秋，他终于有机会第一次亲眼见证自己的机器被搬进医院。他说，那感觉就像马上要见到自己宝宝的“自豪的父亲”。

他在 2012 年的 TED① 演讲中表示，走进核磁共振成像室的时候，看到这台崭新诊疗仪的他“雀跃地跳起了舞”。迪茨退到了医院走廊里，观察第一批病人的反应，在等待的时候，他看到一对夫妇和他们的小女儿从走廊那头走来，小女孩正在哭泣。三人走到核磁共振室旁，父亲弯下腰对小女孩说：“我们之前不是说好了吗？你可以做个勇敢的孩子的。”

一进屋，小女孩便被吓得呆若木鸡。在那个时刻，迪茨看到了

① TED（technology, entertainment, design 的缩写，即技术、娱乐和设计）是美国的一家私有非营利机构，该机构以它组织的 TED 大会著称，会议宗旨是“值得传播的创意”。——编者注

小女孩眼中的核磁共振室。

一块巨大的警示标志被磁铁吸附在墙壁上，上面还有一个惊叹号。地板上的黄色和黑色的胶带，看上去像犯罪现场才会出现的东西。室内异常黑暗，只有荧光灯发出的光在忽隐忽现地闪着，剩下的只有无菌室中昏暗的米白色。整个房间死气沉沉，甚至有些阴森可怖。

迪茨说道："我亲手设计的那台仪器，看上去和一块带孔的砖头没什么两样。"

他明白，接下来的体验只会越来越糟。小女孩将会被推进核磁共振成像仪那个幽闭的空洞里，然后被迫在那里一动不动地躺 30 分钟，努力屏蔽仪器嘈杂而诡异的轰鸣和金属撞击声。

迪茨看到，小女孩的父母焦虑地对视了一眼，他们不知道究竟该如何才能让自己的女儿熬过接下来的时间。

迪茨瞬间泄了气。须臾之间，他的自豪感变成了惊恐。他说："我的心都碎了。"

他意识到，自己和设计师同事们一直都将关注点放在仪器本身上：怎么才能让仪器运转得更快，看上去更时髦，功能更强大呢？

然而，病人所关注的却是就医体验。如果病人对核磁共振成像仪感到恐惧，那么这便会对他们的健康带来实实在在的影响：80% 进行核磁共振检查的儿童都要在检查前摄取镇静剂，而这是有风险的。在核磁共振室顿悟之后，迪茨重新界定了他的设计使命。他在想，我们能不能打造出一种乐趣满满的体验呢？

他召集了一支团队协助他设计一种新的体验——一家儿童博物馆的领导层，斯坦福"设计思维"方面的专家，一家日托机构的教师，还有与儿童打交道的医护人员，等等。大家的谈话让迪茨颇受启发，他认识到，儿童的想象力之强大，足以扭转现实。

迪茨问道："三把餐椅和一张毛毯能做什么？"对于一个孩子来说，这可以是一幢城堡、一架宇宙飞船，也可以是一辆卡车。

那么，核磁共振成像仪是不是可以变成一艘宇宙飞船，或是一艘潜水艇呢？迪茨的团队将这台仪器放在一个更宏大的故事背景下，重新进行了构思。在他们重新设计的第一批核磁共振室中，为匹兹堡大学的医疗中心所设计的那间被命名为"丛林大冒险"。在通往房间的走廊中，团队在地板上粘上了看似石块的贴纸。这样一来，孩子们便自然会从一块石头蹦到另一块石头上。室内的四壁全都画上了色彩鲜艳的丛林场景。走廊中的"石块"会将孩子们带到一片绘制的满是鲤鱼的鱼塘边，而核磁共振成像仪则摆在鱼塘的正中。

核磁共振成像仪的桌台可以降下来，这样孩子们就能自己爬上去了。仪器被重新设计成了一个空心的独木舟，孩子们被告知，如果想要在独木舟漂过丛林时不翻船，身体就必须保持纹丝不动。孩子们很乐意地接受了这个保持小船平衡的挑战。迪茨在演讲中模仿了一位双臂紧贴身体两侧、全身只有两眼在动的孩子。他说："这些孩子就像一尊尊塑像，全都定如磐石。"

另外，还有一个海盗小岛的主题。想要走到被涂画得活像一艘海盗船的仪器近旁，孩子们就需要像被海盗逼迫一样"走过甲板"。墙上画着一只头戴海盗方巾的猴子，正抓着绳索从天空滑过，而器械柜则被打造成了茅屋的样子。

迪茨和他的同事们一直很关注孩子们的"焦虑点"，如仪器所发出的巨大轰鸣。在一家旧金山的医院里，他们打造了一间"铛铛车冒险"屋，孩子们在进屋时会拿到一张车票。一天，迪茨看到一位医院的工作人员这样跟一位小男孩说：“鲍比，你有没有在市里坐过铛铛车呢？车里有点儿吵，你还记得吧？我们这儿的车也一样有点儿吵！”

一天，迪茨在海盗小岛室里与一位母亲聊了起来，她女儿刚刚接受过扫描。在两人交谈的过程中，小女孩一个劲儿地拉扯着母亲的衬衣。终于，母亲开口问道：“亲爱的，怎么了？”

小女孩问道：“我们明天能不能再来呀？”

迪茨喜极而泣，他成功地将孩子们的恐惧转变成了一场欢乐的游戏。

从那之后，由迪茨牵头的美国通用电气公司的“冒险系列”核磁共振成像仪便在几十家儿童医院落户，并收到了引人瞩目的效果。作为首批引用迪茨设计的机构之一的匹兹堡儿童医院发现，需要摄取镇静剂的儿童从原来的 80% 减少到了 27%。对于用时稍短的 CT 扫描（电子计算机 X 线断层扫描），只有 3% 的儿童需要使用镇静剂。在一张无菌台面上躺下、再被推入一台看上去阴森森的机器之中，这个最容易让孩子们感到焦虑的时刻被成功地破解了。迪茨表示，孩子们“不再紧紧地抱着妈妈的腿……而是兴致勃勃地投身‘冒险’之中。之前，让孩子们坐上台面就需要 10 分钟，而扫描过程也就 4 分钟。现在，扫描过程仍然是 4 分钟，但孩子们只要 1 分钟就能坐上台面了”。

因为孩子们得到了安慰，在“亲民”设计上多花的费用也就显得不值一提了。由于做 CT 的流程大大加速，医院也就能在一天中接待更多孩子了。

这是一段由聪明而富有同情心的设计引发的故事，也是一段关于如何以时刻为出发点进行思考的故事。迪茨认识到，需要他多加打磨的不是仪器，而是病人的体验。对于病人来说，一个原本痛苦的时刻被转化成了一个充满欢乐的时刻。就这样，迪茨成功地将低谷反转成了高峰。

企业不可忽略的 3 个重大时刻

转变事件需要凸显，里程碑事件需要纪念，而低谷事件则需要被填平。这就是瞬间思维方式的核心所在。需要解释一下，并非所有的决定性时刻都能被归结到这三类之中，许多决定性时刻是随时都可能发生的。比如，“冰棒热线”提供的就是一种随叫随到的享受。同样地，你也可以选择任意一个周六，给你的孩子安排一次动物园惊喜游，估计他们是不会有异议的。

无论是欢欣鼓舞的时刻，还是感到温暖或荣耀的时刻，对于本书中所提到的绝大多数时刻来说，几乎任何时机都是好时机，这些时刻可谓多多益善。我们在此想要强调的是，一些特殊的事件是需要人们来关注的，尤其是在企业中，这些特殊的事件往往会被人们所忽略，就如那些被人遗忘了的“第一日体验”一样。

以下是一些企业中亟待被人重视和凸显的时刻。

转变事件

升职：升职的感觉很棒，这是一个典型的让人感到荣耀的时刻，这一点自不必言说。但是，对于一些管理者来说，升职同时也意味着经历艰难的转变。在被推举接受第一份管理工作之前，许多人并没有接受过任何关于如何给予反馈或鼓励团队的培训。他们所需要的是一种管理方面的进阶仪式，不仅要庆祝他们获得的荣誉，还要让他们用一周的时间跟随一位经验丰富的高管开展工作，并听取其建议。

入学第一天：旧金山罗斯福中学校长的迈克尔·J. 赖默尔，希望帮助六年级学生完成从小学升入初中的心理转变。[11] 他组织了一个为期两天的新生入学活动，不仅帮助新生预习主要的数学和科学概念，更是帮助学生们熟悉学校各建筑的位置，并让他们学会制订更加复杂的学习日程计划。他甚至还设置了“储物柜开柜赛”，激励学生们学会更快地打开带有密码锁的柜门（密码锁对于大多数学生来说还是新科技）。迈克尔表示，两天之后，当七年级和八年级的学生来到学校的时候，六年级的学生们已经感觉“学校是自己的天下了”。

项目的终结和开始：在绝大多数的企业中，庆祝一个项目结项的方式，便是立即投入一个新的项目。但实际上，一个正式的了结仪式还是很有用的。我们可以从史蒂夫·乔布斯身上找找灵感，为了祭奠 Mac OS9 操作系统的逝去，他曾经在台上举行了一场模拟葬礼：“Mac OS9 系统是我们所有人的好朋友。它为了我们勤勤恳恳地工作，无时无刻不在为我们的应用提供方便，从不拒绝我们的指令，真正做到了有求必应。当然，它也偶尔会得意忘形，不得不重启自救。”[12] 这场葬礼虽然荒诞，但却在时间长河中凸显了一个意义重大的时刻。

里程碑事件

退休：一段漫长的职业生涯后的退休时刻，既是一种转变，又是一个里程碑事件——对于一些人来说，这也不失为一个低谷（因为一些人会失去目标和充实感）。但是，纪念退休的活动却大多办得索然无味：在会议室中放一块大蛋糕，然后临时叫几位同事聚一下就算结束。这个时刻应该得到更多的关注。在德勤会计师事务所的审计部门，即将退休的员工们会在部门的年度例会上受到表彰。一位同事会在台上向大家介绍即将退休的员工在生活和工作中的事迹，讲述完毕后，所有员工会一起向即将退休的员工举杯致敬，作为回应，他们也可以向大家直抒胸臆。[13] 这种形式就仿佛是将新婚祝酒词和悼词完美融合在了一起，可谓一箭双雕（我们知道，一些内向的人可能宁愿钻进清洁工的工具柜里，也不愿忍受这样的活动现场，但是，肯定还有其他不这么兴师动众的方式也同样可以传达这份心意，比如送上一本同事们手写的对即将退休者的回忆的纪念册）。

出人意料的成就：我们会在员工达到一定任期时进行庆贺，但为什么不为他们的成就加以庆贺呢？一位销售员赚取了 1 000 万美元的利润，难道不值得表彰吗？一位领导有方的管理者的 10 位直接下属都得到了升迁，难道不值得认可吗？

低谷事件

处理负面反馈：你所在的机构或许能够对管理者做出 360 度的评估反馈（360 度考核法是一种能够从领导者的员工、同级及上司那里搜集反馈信息的工具，由此得出他人对这个人“360 度”的看法）。如果是这样，若是有人得到了糟糕的评估反馈怎么办？你有没有准备好一套行动计划，来帮助这些人逃离由负面反馈引出的低谷呢？

失去所爱之人：员工们不免会痛失所爱之人，在这种时候，他们理应得到帮助。企业难道不应该为这些不可预料的时刻准备一套应对方案吗？想象一下，在需要弥补空缺、急需有人天衣无缝地对接紧急任务，或是提供私人生活上的帮助（如做饭、带孩子或是忙家务）时，如果能快速组建一支团队，那可就帮了大忙了。

生活和工作中都充满了值得我们用心投入的时刻。在接下来的章节中，我们就会学到为这些时刻做提前计划的艺术。

1号诊所

那些零售银行错失的时刻

读者须知

本“诊所”向大家介绍该如何利用书中的想法解决现实生活中的难题。这家“诊所”所关注的，是“瞬间思维”的艺术。

背景信息

花旗银行、美国富国银行，以及美国PNC[①]等绝大多数的零售银行，都为打造诚信、可靠的品牌形象而投入了几十亿美元。另外，这些银行在科技和实体形象上的投资也都出手阔绰，目的就是要提升“客户体验”。令人大跌眼镜的是，这些银行虽然为了争取客户忠诚度而“削尖了脑袋”，但对于客户生命中的重要时刻却睁眼不见。有的客户会与某家银行建立长达数十年的关系，想一想，这段时间里会发生多少里程碑事件呀！更重要的是，很多里程碑事件其实都是与银行相关的：购买房产、变更工作、为教育存款、婚礼、退休等。

理想效果

银行能否学会“瞬间思维”呢？

零售银行可以创造出哪些决定性时刻？

就像我们在本章中所看到的那样，自然出现且

① PNC 全 称 为 Pittsburgh National Corporation Financial Services Group Inc.，即匹兹堡金融服务集团，是美国著名的银行集团。——编者注

值得我们予以关注的决定性时刻由 3 种事件组成：转变事件、里程碑事件、低谷事件。让我们来看看每种事件中，银行与客户关系之间的联系。

转变事件

（1）购买房产。如此巨大的人生事件难道不值得纪念一下吗？许多房产经纪人会给客户送一份乔迁之礼。然而再看看，向你贷款几十万美元的银行又给你寄了什么样的礼物呢？一份按月寄送的对账单。对于银行来说，这可真是错失良机呀。（2）新工作的第一份工资单。那么，银行能不能附加一份祝贺函呢？或是能不能附赠一张能在通勤路上收听的有声书礼品卡呢？（3）年轻人第一次开账户。一个小男孩将自己的猪猪存钱罐带到一家加拿大银行，想要开设账户。（我们假设）他的存款一共是 13.62 美元。业务员对他说："你这么小就懂得存钱，我们真是为你骄傲。这样吧，我们把你的存款凑成 20 美元的整数好吗？"小男孩和他的父母满心欢喜，而这个时刻的成本也只有区区几美元而已。如果银行的业务员们拥有更加频繁地行使这种权力的自由，他们的工作也会变得更有乐趣和意义。（大家可以在第四章英国美食品牌 Pret A Manger 的故事中寻找灵感。）（4）婚姻大计。一位女客户致电银行，要求把配偶的名字添加到自己的账户上，却在几天之后发现银行已从她的婚礼计划里挑选了一件礼物送给了她！抑或，银行为这对已订婚的新人提供了一份免费的财务咨询作为赠礼。想象一下，这会给人一种怎样的感受吧！

里程碑事件

还记得 Fitbit 运动手环和应用程序 Pocket 是如何纪念那些被绝大多数用户忽视的时刻吗？（读到 100 万个单词的时刻是值得庆贺的！）通过

发送庆祝短信，银行也可以在无数时间点营造出同样的效果：（1）当你的账户存款达到 1 000 美元或 10 000 美元这样的里程碑数字时。（2）当你筹备了足够 6 个月或一年使用的应急基金时。（3）当你从银行获得了 100 美元或 1 000 美元的利息时。（4）当你还完了贷款的 25%、50% 或是 75% 时。等到你最终将贷款全部还完的时候，如果银行派专人亲自将房产证（现在是你的啦！）送到府上并与你握手表示庆贺，这会不会让你感到惊喜万分呢？（一家澳大利亚银行的高管向我们坦言，他们不仅不亲自递送房产证，还要在转让房契时收取一笔费用呢！）

低谷事件

（1）离婚或被解雇。在客户的生活重新走上正轨的时候，如果银行能够提供一个为期三个月的“暂停还贷”选项，那会收到怎样的效果呢？总体来说，还款的数目是不会变动的，只是最后一笔还款会晚三个月到账而已。银行也可以为新晋父母提供同样的“暂停”选项——“我们想到你们可能要添置一些新的家用，所以，几个月的‘还贷假期’或许能让你们喘口气！”（2）在客户处理父母去世或残疾之后的相关事宜时提供协助。遇到这种情况，许多人都会为了厘清账务、资产和负债问题而不知所措，而银行正好处于一个能够提供咨询和协助的独一无二的位置上。

最后的总结

这些建议中的某一些确有成本太高或是太过唐突之嫌（有的人或许不会因自己的新工作或新伴侣被银行“发现”而开心）。我们的重点在于，许多银行都错失了无数通过营造特殊时刻来提升客户忠诚度的良机，而忽视这些时刻，其实是和银行与客户搭建紧密联系的目标相违的。在一段关系中，如果一方对于另一方人生中的绝大多数重大时刻都视而不见，那么这种关系便形同虚设。

你的事业或许并不像银行一样在人们的生活中扮演着中心角色。但是，你有没有错失在关键时刻给予支持、表示祝贺，或是提供咨询的机遇呢？你有没有运用瞬间思维的方法呢？

第一部分

欣喜时刻

第二部分

认知时刻

第三部分

荣耀时刻

第四部分

连接时刻

截至目前，我们已经回答了3个关键问题：决定性时刻是什么？为什么要打造决定性时刻？以及该在什么时候做好“瞬间思维”的准备？但是，我们还没有涉及最重要的问题，那就是：我们该如何才能创造出决定性时刻呢？

如前所述，YES预备学校的领导者们创造了“签名日”，这对于从学校毕业的高年级学生来说，无疑是一个决定性时刻。道格·迪茨和他的同事们打造了“冒险系列”的核磁共振成像仪装置，从而将儿童患者所嫌恶的体验扭转成了快乐的体验。由此我们得知，决定性时刻是能够有意打造的。我们可以成为铸造重大时刻的建筑师。

在接下来的几章中，我们会提供一些有用的策略，教大家如何利用欣喜、认知、荣耀及连接这四大难忘体验中的重要因素，打造一个个独一无二的时刻。

让我们先从欣喜开始。所谓欣喜时刻，就是超越平日之上的体验。这样的时刻值得细细品味，也让我们感觉全神贯注、兴高采烈、惊喜交加、动力满满。欣喜时刻，便是“峰值时刻”。

欣喜时刻可以发生在标志着转变的社交活动中，比如生日派对、退休庆典、成人礼，以及婚礼。

除此之外，一些时刻之所以能成为欣喜时刻，在于我们因“上台”而被“打了鸡血”，比如参加体育比赛、发表演说，以及参演戏剧。肩上的责任重了，我们便能沉浸于当下。

最后，还有一些欣喜时刻是自然而然发生的，比如说走就走的自驾游、一次让你回想起来就笑逐颜开的夏日漫步，以及爱人的第一次爱抚。

那么，我们能不能打造更多的欣喜时刻呢？答案当然是肯定的。另外，我们也可以学着将现有的“峰值时刻‘打造得’更加光彩熠熠”——比如重新规划一次生日派对，或是重新整理一次客户演示，好让这些活动给人留下更深刻的印象。打造欣喜时刻的“原料”非常简单，我们也会很快在下文中向大家介绍。但是，虽然欣喜时刻的构想不难完成，但真正实施起来却会棘手得让人抓狂（说到此，我们会在下文中向大家揭示约翰·迪尔“第一日体验”故事中让人意想不到的反转）。从教堂到学校，再到企业，各种机构中一成不变的流程俨然将“峰值时刻”磨成了无聊的模式，在这些机构中，人们对于“峰值时刻”的无视或淡漠简直“蔚然成风”了。

在接下来的两章中，读者们将会看到寻找欣喜时刻，以及让欣喜之情升级的方法，也会认识到，想要做到这一点，有时会有多么困难。另外，大家也会发现为什么欣喜时刻是值得努力争取的——没有任何一个回顾人生的人会希望生命中的欣喜时刻少一些。

第三章 峰值时刻

毕生难忘的“人性的审判”

希尔斯代尔高中是加利福尼亚州圣马特奥郡的一所公立学校，假设你是学校里的一名高一年级的学生。在历史课上，你正在学习法西斯的崛起、第二次世界大战，以及犹太人大屠杀的相关历史。

与此同时，你们的英文课正在讲威廉·戈尔丁的《蝇王》，这本书讲述了一群男孩子被放逐到一座小岛上的故事。远离了社会和文明的约束，他们恢复了野蛮状态。戈尔丁表示，写这本小说有一部分原因是出于他在第二次世界大战中服役时亲眼看见的野蛮暴虐。这本书，是他为“将社会的缺陷溯源人性的弱点”所做的尝试。

一天，在英文课上，同学们正在探讨小说中男孩们之间爆发暴力事件的一段情节，讨论却突然中断了。有人将一封看上去很正式的诉状（见下图）递到了正在纳闷的你的手中。

原告律师

加利福尼亚州圣马特奥郡高等法院

原告及其原告方的所有代表
原告
——向下列人员提出诉讼

第 902034 号
集体起诉

威廉·戈尔丁
被告

对被告提出文字诽谤和过失性歪曲事实的指控

原告要求陪审团进行审判

根据《蝇王》一书对于人性的刻画，原告提出以下见解：

案件属性

1.《蝇王》是威廉·戈尔丁于 1954 年写的小说。在小说中，一群被流放到一座热带荒岛上的男孩们逐渐堕落成了一群野蛮人，杀死了其中的两个男孩，并图谋再杀一个。

2. 戈尔丁对于本书发表过这样的言论：“本书的主题，是一种将社会的缺陷溯源人性的弱点的尝试。”

3.《蝇王》是对人性的极大歪曲。

4. 作为有史以来最为畅销也最有影响力的书籍之一，《蝇王》让读者们变得麻木不仁，将战争和暴力作为人性的必然结果来消极接受。

一封看上去很正式的诉状

这份文件说，由于对作品中男孩子的人性进行了极大歪曲，威廉·戈尔丁已被指控文字诽谤，你和你的同学们则要主持戈尔丁的“审判”。每个人都要选择一个角色：证人、律师，或是法官。

这场“审判”将会围绕一些引人深思的大问题展开：戈尔丁说人性是有缺陷的，这种看法对吗？所谓文明，是否只是包裹在充斥着暴力的内心之外的虚饰？

希尔斯代尔高一的班级每年都会举办这场活动，并为活动取名为“人性的审判”（或是“戈尔丁审判”）。[1]你和你的同学们有大约两个月的时间做准备，“审判”当天，你会乘坐学校的一辆大巴来到一座真正的法院，在由本校教师和毕业生组成的陪审团面前开庭；而你的同学和家长，则会观看这场“审判”。

作为律师团中的一员，你将会传唤历史和名著中的名人作为“证人”出席，这些人都对人性的善恶有着强烈的主张。有些出席的“证人”在大家的意料之中，如希特勒、霍布斯、甘地及特蕾莎修女，但一部分“证人”却在大家的意料之外：珍妮·古道尔、马克·吐温、达斯·维德（《星球大战》中的绝地武士），甚至连说唱歌手图派克也出场了。所有的“证人”都由你的同学穿着戏服装扮而成，对于人性的问题，他们已经进行了孜孜不倦的研究，也一丝不苟地排练好了自己的证词。

几年以来，确定戈尔丁有罪的陪审团有不少，而宣布戈尔丁无罪的陪审团也有很多。这一次的“审判”结果具体如何，就要看你怎么判断了。

这场被叫作“人性的审判”的活动，是在1989年由格雷格·朱尔里斯和苏珊·贝德福德创设的。当时，朱尔里斯是一位在学校任教3年的社会学教师，而贝德福德则是一位有着20年教学经验的英文教师。在两人的学生们抱怨他们把一项重要作业的截止日期设到了同一天之前，两个人相互之间其实并不熟悉。他们凑在一起商量如何解决作业时间“撞车”的问题，却发现自己与对方有许多共同点。比如，两个人都对教师这个职业大失所望，正在纠结是否继续坚持做这一行。

贝德福德说："我也落进了英语教师们'读一本小说，聊聊感想，然后考试答题'的窠臼。我正在寻找一个契机，能重新点燃我刚开始教学生涯时的那种激情。"

另外，两人也都渴望让学生们有所收获，他们在交谈中得出了一个让人心寒的发现：虽然中学生的大多数时间都花在教室里，但他们最为难忘的体验往往并不发生在教室中；相反，让他们铭记的却是毕业舞会、音乐作品、学生会选举、游泳比赛或是才艺大赛等。

朱尔里斯和贝德福德接下来对自己提出的问题，则成了两人日后职业生涯的指向标：我们能不能为学生们打造出一种像毕业舞会这样难忘的学习体验呢？

认真思考一下这个问题。两个人想要打造一个"峰值时刻"，一种和少男少女们租借加长豪车、吐得天昏地暗的毕业舞会一样难忘的体验——这个标准可不低。

另外，他们也想让这种体验涉及两人所教授的课程中的一些重大主题，包括两门课程共有的一个原则性的未解之谜：真实的人性到底是什么？

朱尔里斯无意中听说，有人组织了一次模拟审判，对象是杀死弟弟亚伯的亚当和夏娃之子该隐（在《圣经》中，该隐是第一位被诞下的人类，也是第一位杀人者，这对于人性的暗示就不言而喻了）。这种模拟审判的形式既新颖又有趣，而且还无法预料，简直再合适不过了。

贝德福德表示："我们特意下功夫把活动设计得更加刺激。我们想要给这次体验赋予更多的挑战和价值，也想让孩子们以几乎前所未有的方式挑战自己的极限。”

在举办“审判”的第一年，两人邀请了希尔斯代尔高中的校长和足球队队长等校级名人来坐镇陪审团，以此增加了“游戏的筹码”。他们想要让学生们感受到在学校重要人物面前好好表现的压力。

随着为时数周的准备工作的展开，朱尔里斯和贝德福德自己也感受到了阵阵压力。如果失败，那么他们的失败将会在第一时间于校长面前展露无遗。“我们和孩子们承受了同样的压力，”贝德福德说，“以前的我可是绝不会把自己划定为一个爱冒险的人的。”①

看到学生们对于自己负责的任务一丝不苟，两个人就像吃了定心丸一样。朱尔里斯表示：“大家专心致志、兴致勃勃、全心投入，还会额外完成我们没有布置的任务。有的孩子竟然在放学后赶过来多做些准备。”

“没有哪个学生会问‘这项作业有多少分？’这种问题，”贝德福德一脸惊讶地说，“这可一向都是孩子们张口就问的问题呀，但是这次却没有一个人提出来。我们心想：老天！我们这次可真是摸到门道了。”

第一年的“审判”完全不能用“顺利”来形容。有的证人表现得很出色，有的证人准备工作很不到位，有的则因紧张而漏洞百出。但是，活动的场面仍然让人印象深刻：“证人们”在一所真正

① 我们应该说明，朱尔里斯和贝德福德都是大方地与他人分享荣誉的人，两个人都提到校长及学校大环境的支持功不可没，也都列举了一大串对他们的工作产生影响的灵感来源。但我们决定，出于简明考虑，还是将故事内容集中在他们两人身上为好。

的中级法院的证人席站定，穿着正装的学生“律师们”在观众面前进行口头辩护，旁观者们则亲眼看见了一场对“甘地”进行的交互询问，这真是一场精彩的活动。等到无罪的“审判”结果被公布的时候，孩子们报以热烈的欢呼和掌声。

“审判”结束后，朱尔里斯看到一位在课堂上从未表现出什么激情的学生“就像刚刚投中一记制胜球一样，蹦蹦跳跳地走过走廊”。“他问道：‘这可真好玩。我们下一个活动是什么？’”

从此以后，“人性的审判”便成了希尔斯代尔高中的一项长期活动。截至 2017 年秋季，这项活动已经连续举行了 29 届。

贝德福德和朱尔里斯成功地打造出了一项可与毕业舞会相提并论的让人难忘的学习活动。准确地说，这场学习活动比舞会更让人刻骨铭心。就像朱尔里斯不无自豪地告诉我们的一样：“我所听过的每一次毕业演讲里，都少不了提到‘人性的审判’，但我还从没听到谁提过毕业舞会呢。”

“审判”活动的精神也感染了他人。年复一年，毕业班的学生们都会留恋地回忆起“审判”活动的每个细节，这让希尔斯代尔高中的其他几位教师的耳朵磨出了茧子。在一点儿职业攀比心的驱使下，他们也想要为自己的毕业班打造属于他们的“峰值时刻”。因此，他们打造了“毕业生展览”活动，鼓励学生们设计自己的研究课题，在一年里加以开发，然后在春季做好准备，对自己的课题进行最终的“口头答辩”。学生们所选的课题从魔幻现实主义到厌食症，再到核聚变的未来，可谓五花八门。

很多家长都参加了口头答辩会，他们的自豪感溢于言表。当年毕业生展览的创始人之一杰夫·吉尔伯特，现已成为希尔斯代尔高中的校长，他表示：“我觉得，家长是很少有机会看到自己孩子的作业的。他们会去观看游泳比赛，会去助阵舞蹈大赛，也会去欣赏孩子们的戏剧，但是却很少能够看到自己孩子所完成的课业。”

他补充道：“学校亟须模仿体育比赛的形式。体育设有比赛，比赛在一群观众面前展开。我们运营学校的方式，就像在组织一场没有终结的练习，永远没人有机会打比赛。如果永远打不了比赛，那就没有人会加入篮球队了。对于你的学生来说，属于他们的比赛又是什么呢？”

这就是瞬间思维。吉尔伯特的问题其实是在问：“‘峰值时刻’在哪里？”在体育中，比赛会制造“峰值时刻”。我们或许能用下面的图来表现一位校运动员的体验——我们用图表示一位学生在一周内的兴奋程度，兴奋度在其中的三场练习（都很无聊）期间跌过中线，而在比赛时却远远越过中线。这场比赛，便是让所有牺牲都显得值得的“峰值体验”。

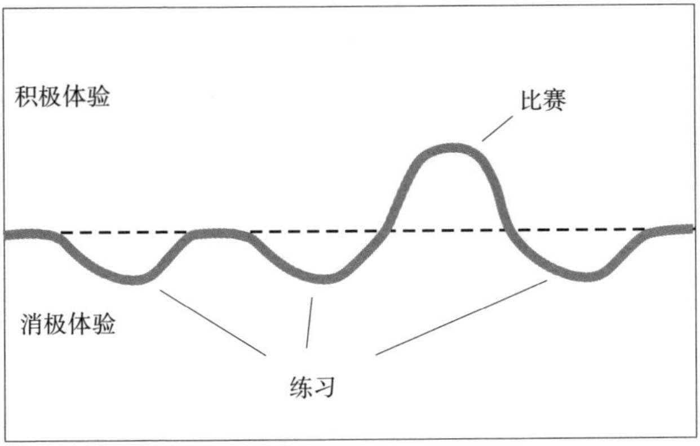

但是，学校的体验却是平淡而无起伏的。期中考试或许会成为低谷体验，但从总体上来说，学生每天的感觉差不多都是持平的。

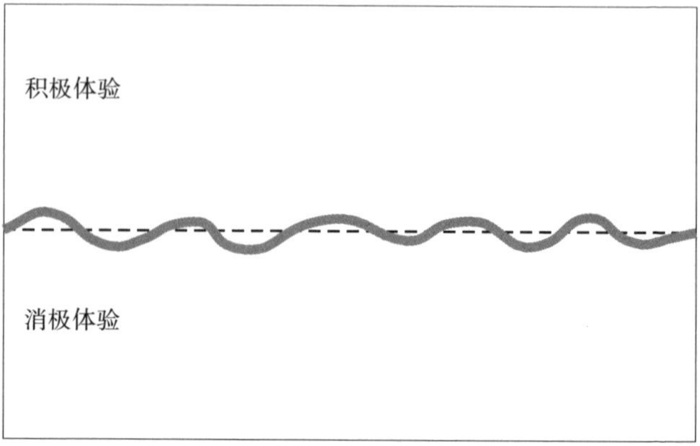

而“人性的审判”或是“毕业生展览”却为这条平直的线设置了一个高峰。

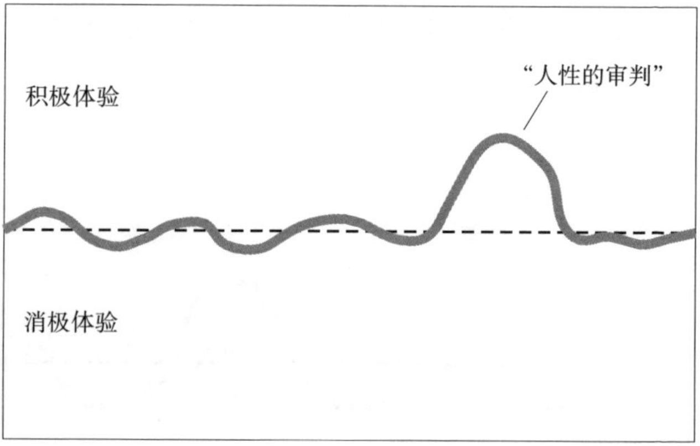

我们要知道，峰值体验并非不需要成本。投入“人性的审判”的时间和精力都是有来源的。朱尔里斯和贝德福德牺牲了自己的一些业余时间，除此之外，为了专心举办这次活动，他们投入其他课程的时间估计也会相对减少。

那么，这种牺牲到底值不值得呢？我们当然可以认为值得。回想一下第一章中关于美好服务体验的那句魔咒:“绝大部分平淡无奇,但偶尔会让人拍手叫绝。”这句魔咒也可以用在学校体验(及生活体验)上。“偶尔让人拍手叫绝”的时刻,不应该完全交给运气掌握!这些时刻是应当提前计划、用心投资的,是应当好好营造的“峰值时刻”。若是做不到这一点,那么我们所剩的,就只是那些绝大多数平淡无奇的体验了。

全美共有超过35 000所中学。[2]其中,能打造出一种可与“人性的审判”相媲美的学习体验的学校又有多少所呢?我们的两位作者都出身于优秀的公立中学,但我们的学校就完全没有这样的活动。那么,你的学校又如何呢?

进攻而非防守:为消费者提供满意的体验

虽然学校和个人生活中“绝大多数平淡无奇”的体验的确让人失望,但这样的体验对于某些行业却有着不同凡响的意义。真希望你与为你提供水、电、电视信号、网络、运输、汽油、维修管道服务,以及牙医服务的公司之间的关系能用平淡无奇来形容——这样的结果已经算是很成功了,不是吗?这是因为在大多数的客服体验中,消费者最容易记住的都是低谷体验。电视没信号了,厕所的下水道堵了,洗牙师用牙线清洁你的牙齿时用力过猛了。换句话来说,“绝大多数平淡无奇”的体验其实都是许多行业所追求的正常状态!这说明,没有出什么岔子,消费者收效理想。

我们可以把这看作迈向成功消费者体验的第一步。你先得将低谷填平,这样才能够将你的精力解放出来,让你专注于第二步工作,即打造特别的时刻,让人体验“偶尔令人拍手叫绝”。先填平低谷，再搭建高峰。

让人费解的是，许多行业的领导者从未跨出过第二步。在填平了服务中的低谷之后，他们便立刻忙着填补小洞——所谓小洞，就是那些小的问题和麻烦。看起来，领导者仿佛是在一心一意地打造零投诉的服务，而不是打造让人满意而叹服的服务。

我们来看看魔术城堡酒店的例子。如果酒店没有热水，那么，这个问题在被解决之前便是一个低谷，客人们是不会因冰棒而心花怒放的。在酒店行业中，你必须要先提供较为快速的入住流程、洁净的房间、舒适的床铺这些基本条件，然后才能让客人们感到满意。但即便如此，一些客人仍会提出不满！台灯不够亮，电视没有 HBO① 频道，小食菜单上没有无麸质果酱夹心饼干……

在服务行业中，需要填补的小洞数不胜数，正因如此，管理者们才会被困于处理投诉这个永无止境的怪圈中。他们永远在打防守战，永远无暇进攻。

魔术城堡酒店的管理者却致力于进攻。他们不会试着把一切都做到尽善尽美。（酒店的大厅总能让人隐约联想起汽车维护中心的等候区。）但是，在打造让客户铭记于心的时刻上，他们却做得让人无话可说。酒店总经理达伦·罗斯总会鼓励员工们在那些让客人惊喜得合不拢嘴的时刻上下功夫。有一天晚上，一对夫妻在回到酒店后，向一位工作人员盛赞他们在当地一家酒吧里喝到的鸡尾酒。第二天，观光后回到酒店的二人被等待着他们的礼物惊呆了。原来，工作人员从那家酒吧获取了鸡尾酒的配方，然后自己买好了所有材料，动手做了同款鸡尾酒。[3] 所谓进攻战，就是这样打的。（相

① HBO 电视网，英文为 Home Box Office，是总部位于美国纽约的有线电视网络媒体公司。——编者注

关的理论请见书末注释。[4] 研究表明，当消费者在使用你的产品或服务时遇到问题而联系你的时候，你应当专注于防守。也就是说，你应该关注解决实际问题，而不是试着“讨顾客欢心”。）

得州农工大学的教授兼客服专家伦纳德·贝里表示：“许多研究一致表明，可信度、可靠度及能力只能满足消费者的期待。想要超越消费者的期待，打造令人难忘的体验，你就需要对服务过程中的行为和人际交往下手。令人惊喜的元素是必不可缺的，也是在人与人的互动中产生的。”[5] 令人意想不到的是，对于这项关于满足期待和超越期待的研究，绝大多数的管理者竟然都置若罔闻。

弗罗斯特研究所是一家全球首屈一指的研究和咨询公司，公司的消费者体验研究员每年都会对超过 12 万名消费者展开调查，内容包括他们与银行、酒店、汽车制造商、电脑制造商等各个行业的公司最近一次打交道的体验。在一次名为《2016 年美国客户体验指数（CX 指数）》的调查中有一个问题，[6] 询问消费者对最近的一次体验有何感觉。消费者要用 1~7 这几个数字来打分，1 表示感觉很糟糕，7 则表示很满意。

1	2	3	4	5	6	7
很糟糕			一般			很满意

如果你是一位服务业机构的管理者，你会对研究结果做何反应呢？你估计不会去关注那些打 7 分的人，他们很爱你，对你的服务很满意。然而，你的服务对于打 1~6 分的每一个人而言都有改进的空间。在这种情况下，你会更关注谁呢？你是想要为那些被你的服务搅

得心情糟糕的打 1 分的人解决问题呢，还是想要讨打 6 分的人的欢心，把他们的打分提升至 7 分呢？在理想的条件下，你会选择多管齐下，想办法将每个人的打分都提升至 7 分。但是在现实世界里，你得从时间和精力上来权衡利弊。那么，你会关注哪些消费者呢？

让我们把这个决定简化一下。比如，你需要从两个计划中做二选一。A 计划可以奇迹般地剔除不满的消费者（也就是打 1~3 分的人），将他们的打分增至 4 分：

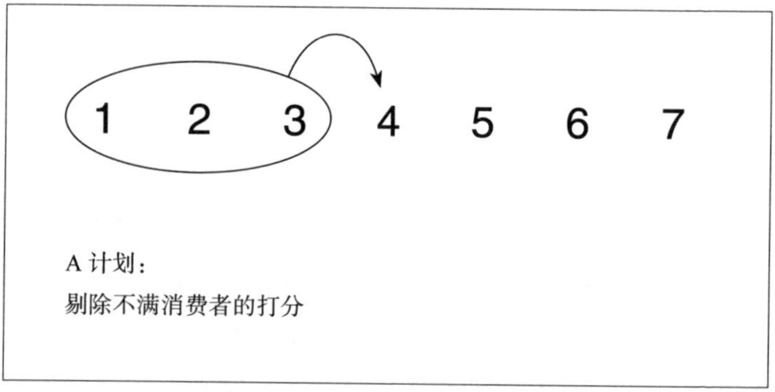

而 B 计划则能将那些从一般到满意的消费者的分数一下子提升至 7 分：

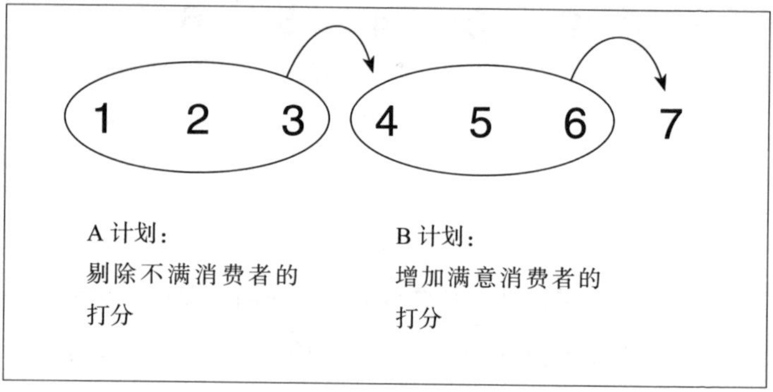

你会做何选择呢?

我们将这种情况介绍给了几十位主抓消费者体验的高管，其中包括保时捷、迪士尼、先锋集团、美国西南航空，以及财捷集团这样深受消费者喜爱的品牌的管理者，并让他们来选择哪个计划能更好地阐释他们所在公司对于时间和其他资源的分配。根据这些人的估计，他们所在的公司将 80% 的资源都用在了努力提升极度不满的消费者的体验上。

这种决定乍看上去还算合理，因为他们毕竟是在努力解决消费者满意度中最严重的问题。但从战略性投资的角度来看，这种选择却显得很荒谬。

让我们来看看原因。弗罗斯特的研究人员搭建了一个模型，用来模拟每位消费者的资金价值。比如，他们从问卷中总结出以下数据，一位为航空公司服务打 7 分（很满意）的消费者，在接下来的

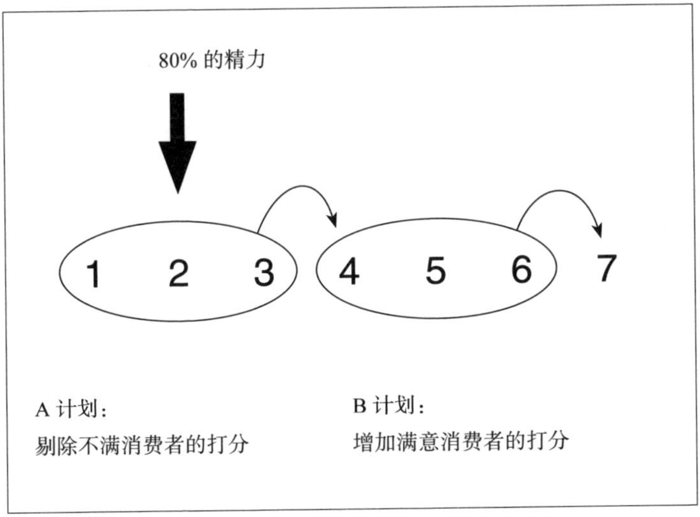

一年中用于机票的花费大约为 2 200 美元。与之相对，一位打了 4 分的消费者则只会花费 800 美元。而对于物流快递行业来说，打 7 分和 4 分的消费者则分别会花费 57 美元和 24 美元。

换句话说，对于任何行业而言，最满意的消费者花的钱也较多，因此，相对于将 1 分提升至 4 分而言，将 4 分提升至 7 分能够带动更多的额外消费。除此之外，相比位于 1~3 分的“不满意”区间的消费者人数，位于 4~6 分的“满意”区间的消费者要多得多。也就是说，选择了 B 计划 ，你不仅能在每位消费者身上赚取更多的资金价值，同时还能影响更多的消费者。

因此，A 计划和 B 计划并非两个难分高下的选项。从弗罗斯特的研究数据中得出的结果让人大吃一惊：相比于剔除消极体验（A 计划），提升积极体验（B 计划）能为你多带来 9 倍的收益（准确来说，应该是 8.8 倍）。尽管如此，绝大多数的高管仍然选择了 A 计划（关于这项研究的具体方法及意料之中的反对意见，请详见脚注）。①

① **研究方法：**这套数据是通过对 16 个行业所做的分析得出的——航空公司、汽车制造商、汽车及家庭保险公司、零售银行、直销银行、租车公司、信用卡公司、健康保险公司、酒店、计算机制造商、包裹运输 / 递送公司、传统零售商、在线零售商、网络服务提供商、电视服务提供商，以及无线网络提供商。诚然，每个行业的情况自然有所不同，但在我们援引的例子中：各行业出现的基本规律都是一致的。**意料之中的反对意见：**你可能会想，“如果不专心解决不满消费者的问题，那么消费者有可能会将不满情绪传播出去，这可怎么办？”弗罗斯特研究所对这种影响进行了评估，他们发现，劝阻别人选择某种品牌的消费者少之又少。实际上，消极信息口口相传的影响微不足道，研究人员最终将这种影响从模型中完全剔除了。

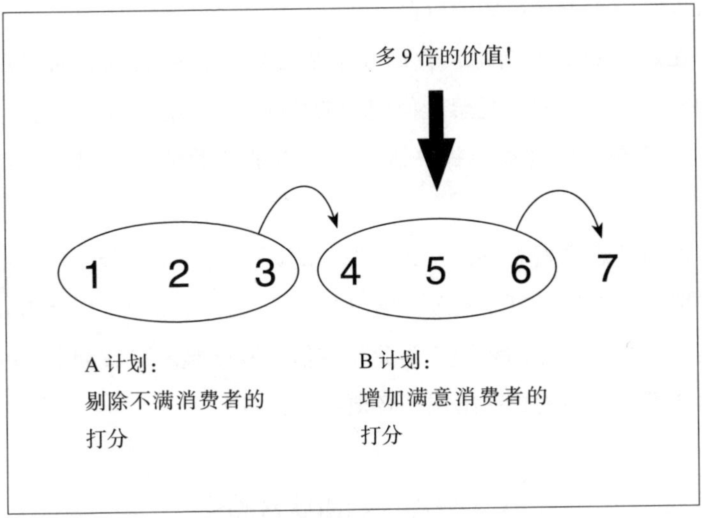

对于牵扯这么多资金的决策，领导者为何还会做出如此欠考虑的选择呢？实际上，我们应当理解他们，因为我们每个人都会在生活中的不同领域犯下同样的错误。研究一次次地让我们看到，我们容易对出现的问题和负面信息耿耿于怀。[7] 相比于自己支持的队伍赢得比赛，体育迷们对于这支队伍输掉比赛更加难以释怀。相比于好事来说，我们会花更多的时间在日记中回忆糟糕的经历。负面评论要比正面评论的影响力更大，获得了 10 个支持声音的我们，却会为唯一一个反对的声音而耿耿于怀。宾夕法尼亚大学的研究人员对几十项对比正、负面信息的研究做了总结，得出的结论赫然立于研究结果的标题中："坏比好更有威力"。

因此，说到客服管理者的思维方式，出现更关注坏而不关注好的倾向也就不足为奇了。这些管理者的注意力自然而然地被那些最不满意的消费者所吸引，但是，被自己的直觉牵着鼻子走的管理者同时也错失了一个巨大的机会。

在此，我们要指出，我们并不是要建议这些管理者对严重的问题放任不管，而只是想让他们重新分配自己的注意力。相比于剔除不满消费者的体验，提高满意消费者的体验能够多带来 9 倍的收益。

提高满意消费者的体验，将他们的评分提升至 7 分，这并不是通过填平低谷或填补小洞就能实现的。想要赢得粉丝，你就需要打造出让人眼前一亮的东西，为此，峰值体验就是不可或缺的。峰值体验并不会平白无故地出现，必须要靠打造。①

3 个要点，刺激欣喜感受

那么，你该如何打造峰值体验呢？你要做的，就是创造出一个包含欣喜、认知、荣耀，以及 / 或者连接因素在内的积极时刻。我们会在后文探索后三个因素，在这里，我们先将注意力放在欣喜这个因素上。想要在一个时刻中加入欣喜因素，那就请做到以下三点：第一，提升感官享受。第二，增加刺激性。第三，突破脚本（所谓突破脚本，就是指打破人们对于某种体验的预期，下一小节的内容就专门讲这个概念）。欣喜时刻不需要三点全部具备，但是绝大多数的欣喜时刻都至少具备其中的两点。

提升感官享受指的是将现实世界的“音量调高”，让事物从视

① 我们需要补充一点，随着对弗罗斯特团队了解的加深，我们发现，我们双方拥有一个共通的观点。我们已经开始摸索着与弗罗斯特建立咨询合作关系了。截至本书付梓，这段合作关系尚没有被正式建立起来，但是，为客户打造峰值体验的理念让我们兴致盎然。

觉、味觉、听觉或是感觉上超出寻常。婚礼中有鲜花、美食、音乐及舞蹈（这些东西并不需要非常昂贵，详见脚注①）。拨打“冰棒热线”，便会有戴着白手套的侍者端来放在银色托盘上的冰点。而“人性的审判”，则被安排在真正的法庭中进行。

人们会穿着让人眼花缭乱的各种服装参加峰值活动：毕业礼袍、婚礼礼服，以及与主队同色的球衣，不一而足。在希尔斯代尔高中的活动中，“律师们”会身着正装，而“证人们”也会穿着戏服出场。峰值体验说明正在发生的事件非比寻常，因此每个人都该有非比寻常的样子才行。

所谓增加刺激性，指的就是添加一些有助于提升效率的压力：一场比赛、一次体育竞技、一场表演、一个截止日期，或是一项公开的承诺都是如此。想一想，一场篮球比赛开赛之前的惴惴不安，或是“签名日”时站上舞台那一刻令人手心冒汗的兴奋，抑或是在希尔斯代尔高中的“毕业生展览”上进行口头辩论时的压力。记得苏珊·贝德福德曾经说过，在设计“审判活动”的时候，她和格雷格·朱尔里斯都在有意为学生们“增加刺激性”。他们让学生们在包括了校长和校队后卫在内的陪审团面前做这次“审判”，这就是

---

① 提升感官享受并不意味着铺张浪费。我们很容易把钱花错地方。埃默里大学的研究人员对 3 000 人的婚礼进行了研究，他们发现，花费较为昂贵的婚礼与较高的离婚率不无关系。[8] 但这并不表明二者之间存在因果关系，因此，正在筹划一场婚礼的你大可不必因为在鲜花上大掷了一笔就害怕你这是在为婚姻掘坟墓。尽管如此，这项研究结果仍然能够很好地提醒我们将注意力放在活动的意义上，而不要两眼只盯着钱。比如，你正在对比一场 1 000 美元和一场 30 000 美元的婚礼，那就想想，哪种选项更有可能在一个对当事者而言有着深刻意义和感情基础的场所举行，哪种选项更有可能在一座虽然富丽堂皇但无甚特殊的礼堂举行？哪种选项让人感觉更“自然”，哪种选项则更“人为”？

活脱脱的压力。

想要判断你的时刻是否比平常重要，一个简单的方法就是看看人们有没有拿出相机拍照的冲动。如果有人拍照，那么场合一定有特殊之处。（这其中不包括那些觉得自己的脸才是众人焦点的“自拍迷”。）我们想要捕捉特殊时刻的直觉在说：我想要铭记这一刻。这就是欣喜时刻。

与之相反的做法则会为一个时刻减分，比如降低感官享受或是减少刺激感。想象一下，一位不开窍的领导者可能会这样说：

- 是呀，给客人提供冰棒的确能给他们带来快乐，但是说实话，安排人员全天候接听“热线”的可行性并不高。我们为什么不在制冰机旁边放一台冰箱，让客人自取冰棒呢？
- 在“人性的审判”最后做出裁决真是必要的吗？让双方都觉得自己是胜者，岂不两全其美？
- 没错，“签名日”活动的确是个很好的传统，但是我们学校的学生实在是太多了！我们能不能把这些学生选择的学校打印出来，节约时间，让一位富有感召力的学生发表毕业演讲呢？

请务必提防所谓“合理性”对灵感的磨灭。否则，你的峰值便有被铿平的危险。减速带当然有其合理之处，但是，珠穆朗玛峰可不是以“合乎寻常”而著称的。

读到这里，我们猜各位读者已经接受了在生活或工作中加入更多“峰值时刻”的理念，也已经理解了这个理念，但是，你可能极大地低估了让这个理念转化为现实的难度有多大。道理简单，可实践起来却困难重重。

这个理念的实践之所以如此困难，其中一个原因就是，很少会有专门负责打造“峰值时刻”的人。朱尔里斯和贝德福德必须要教授英语和历史两门课程，必须要为学生们的论文和考试打分。但是，“人性的审判”却完全是非强制性的，为了让这个活动落地，两个人必须得在组织和政策方面翻越数不清的障碍。（我们来看障碍之一：他们要在课堂之外的时间安排校车，把学生们带到位于城市另一头的法院，且学校预算中也没有为这种花费设专门款项，想象一下这要付出多少精力吧。）在这种情况下，“合理性”很容易便会悄然潜入。

我们再看一个例子：还记得约翰迪尔公司的“第一日体验”吗？这个活动看起来简单明了，不是吗？你可能会想，这样的活动早就该流传到全球了。

然而现实并非如此。这项活动只在很少的几个地区得以展开。作为“第一日体验”创造者的拉尼·洛伦茨·弗莱伊的团队，归属于国际品牌团队。她的团队虽然设计出了这个体验，却并不能控制活动的运作。活动要由约翰迪尔位于亚洲区的各个分公司来具体执行。虽然印度和中国北京等地的分公司对活动满怀热情，但在其他地方的分公司对活动毫无反应。这是为什么呢？因为这项活动不在任何人的工作范围之内，且举办活动是件麻烦事，比活动看上去更紧急的事情时有发生。

出于同样的原理，想要在我们的个人生活中打造峰值体验也是难上加难。比如，你和一位好友一直梦想着去北极看看极光，这是你们两人遗愿清单上的条目之一。你甚至已经在加拿大的育空地区找好了一个完美的极光观景点。那么，如果你现在给那位朋友打电话，想把旅行的事情定下来，会出现什么样的情况呢？

对于接下来发生的事，估计你也能预见一二：刚开始的三周，你们会不停地在对方的电话里留言商讨。在最初的热情（“当然好啦！”）之后，你们又回到了平日的烦琐生活之中。担心工作忙，请不了假，两个人的时间表又对不上。孩子的学业怎么办？钱也是个问题。不让伴侣同去，心中总有愧疚——是不是也应该让他们一起去呢？当然应该了。所以，现在的问题是要凑 4 个人的时间表，而且找人看管孩子的问题也随之而来了。

得出的结论是：“我们是不是应该到明年再计划呢？”

我们并不想要打破你梦想的气球，而是想要磨砺你的决心：想要打造峰值体验，难度比你想象的要大许多。但是一旦打造出峰值来，你会觉得每一丝的努力都是值得的。因为，你创造出了属于自己的决定性时刻。

不治之症带来的“完美时刻”

在《追逐日光》这本感人的回忆录中，尤金·奥凯利用整本书阐释了图书开头那句震撼人心的独白的意义：“我很幸运。我被告知还有三个月可活。”[9]

2005 年 5 月的最后一个星期，奥凯利的医生告诉他，他罹患了一种罕见的癌症——胶状母细胞瘤。他的大脑中长出了三个高尔夫球大小的恶性肿瘤，此病无药可医。当时的奥凯利 53 岁，是价值 40 亿美元、拥有两万多名员工的毕马威会计师事务所的首席执行官。他的妻子名叫科琳，他还有两个女儿，其中 14 岁的小女儿吉娜还在学校里等着放暑假呢。然而，到秋天返校时，吉娜或许就没有父亲了。

奥凯利说：“我和科琳为我们的未来所做的一切规划都付诸一炬了，我要把为这即将不复存在的人生所制订的计划全部废除掉，越快越好。我需要订立新的目标。要立刻行动。”6月8日，也就是确诊两周之后，他从毕马威首席执行官的位置上退了下来。然后，他自然而然地采取了下一步行动：制订计划。“我能说什么呢？我不仅职业是会计，而且言谈举止也是会计范儿……不订计划，（我）就不知道该怎么做事——包括面对死亡。”

一天晚上，他坐在餐桌旁画下了5个同心圆，这是他的一幅人脉图。家人在同心圆的正中，外圈则是不那么亲密的亲友，比如商业上的合作伙伴。他决心要将这些关系层层剥开，也就是“优雅地”将这些关系“解开”，从外圈开始，一步步地朝中心移动。这样做的理由是，随着疾病的恶化，他希望能将更多不受干扰的时间专门用于最亲密的人们身上，尤其是他的家人。

解除第一圈关系的过程很简单，只需通过一通电话或一封邮件追思双方共同的记忆，或是表达对对方的感恩之情就行。他特地没有让对话变得过于感怀或消极，他想让这些对话成为特殊的回忆。

之后，第三圈和第四圈是由更为亲密的朋友和同事构成的，奥凯利亲自与这些人见了面。他希望这些会面能充满“欢乐和令人欢乐的事物”。有的时候，他会和对方共享美味佳肴；有的时候，他们则会在一个美好的环境中碰面：比如坐在公园湖畔的长椅上，或是在中央公园漫步（这便是在特殊的场合中增加感官享受）。在解开关系的过程中，奥凯利和友人一起共享故事、探讨人生。他也表达了对这些友谊的感恩之情。

在此过程中，他将这些峰值体验命名为“完美时刻”，他认为，自己的使命，就是在弥足珍贵的时间里尽可能多地打造完美时刻。

随着夏日的流逝，他开始将越来越多的时间用在密友和家人身上。这时，他已经转移到了同心圆的中心。他与自己的姐姐罗丝和琳达道了别，到 8 月，他带着科琳和吉娜一起来到他们位于内华达太浩湖的度假别墅。当时的奥凯利已经接受了一段缩小肿瘤的化疗，这为他争取了几周的生命，但他的身体已经非常虚弱了。

8 月底，奥凯利的母亲和哥哥在周末飞到太浩湖。这将是他们最后一次团聚。在那个艳阳高照的周日，他们乘船来到湖上。

奥凯利写道："在湖上待了一会儿，我拉起母亲的手，把她带到船头只有我们俩的地方与她谈心。我告诉她，我现在的状态很好。还说，我会在天堂与她相遇。作为一个虔诚信教的人，母亲颇感安慰……那天的一切都是那么完美，我感觉很圆满。虽然已是精疲力竭，但心却是满的。"

那天晚上，母亲和哥哥离开后，科琳在沙发上坐下，躺在奥凯利的怀里。她感觉到他的神志正在一点点地模糊，于是聊到了他"走后"的世界。他说道："现在，这一切都要你来接手了。我已经把能做的都做了。"

大约两周之后的 2005 年 9 月 10 日，奥凯利因肺栓塞离开人世。

在弥留之际，奥凯利意识到了时刻的强大威力。他写道：

> 在那两周之中，我体验到的完美时刻和完美日子要比我在生命中最后 5 年体验到的还多，或许，如果我的生活能以诊断之前的方式延续 5 年，我的完美时刻和完美日子也不会有如此之多。审视一下自己的时间表，你能在未来看到完美日子吗？或者说，你的完美日子是否正藏在某处，而你需要想办法将它

们解锁出来呢？如果我让你以打造出30个完美日子为目标，你能做到吗？实现这个目标需要多长时间呢？30天？6个月？10年？还是永远都不可能？我觉得，自己在一天中活出了一周，在一周中活出了一个月，在一个月中活出了一年。

读到这里，请返回去重读奥凯利回忆录开头的那句话，尤其是最后的两个字："我很幸运。我被告知还有三个月可活。"

之所以感到幸运，是因为他被赋予了真正生活的机遇。他对于这些重要时刻的珍惜，难道不值得引起我们的共鸣吗？与他相比，我们或许有更多的时间可活，但是，难道这应该成为一个让我们拖延重要时刻的借口吗？

这就是人生的一大陷阱：日子一天天过去，一年就这样过去了，而我们还是没有进行那场早该进行的对话，没有为我们的学生打造出那个峰值体验，没能领略北极光之美。本应在山脊上攀登的我们，却选择在平地上踏步。

想要从这种惰性中解脱出来并不容易。对于尤金·奥凯利而言，一场不治之症才使他幡然醒悟。

那么，有什么契机能够激励你去打造完美时刻呢？

第四章

打破脚本

度假中的乔西：如何打造一流服务？

克里斯·赫恩的儿子不愿上床睡觉。这是儿子从佛罗里达的阿米莉亚岛度假回家后的第一个晚上，他不小心把心爱的长颈鹿娃娃乔西给弄丢了。没有了乔西，儿子就不肯睡觉。无奈，乔西现在还在佛罗里达呢。因此，赫恩面对的问题很是棘手。

父母绞尽脑汁让孩子入睡的传统由来已久，赫恩搜索着自己可能采取的对策，发现撒谎大概是最好的选择了。他告诉儿子："乔西好着呢，他只是在度假酒店度个长假罢了。"儿子好像相信了他的话，最终沉入了梦乡。

那天夜里晚些时候，丽思卡尔顿酒店的工作人员给赫恩打来电话，告知他们已经找到了乔西，这让赫恩松了一大口气。他向工作人员复述了自己对儿子说的话，并询问丽思卡尔顿的工作人员能不能给乔西拍一张坐在泳池边长椅上的照片，好让儿子看到乔西真的是在度假。[1]

几天之后，乔西与满满一叠照片一起回了家。其中一张照片里的乔西正在泳池边放松，另一张照片里的乔西则在驾驶一辆高尔夫球车。在其他的照片中，乔西时而与酒店的鹦鹉共处，时而在水疗馆里享受按摩（眼睛上还敷着黄瓜片），甚至还在监控室里盯着看监控录像呢。

赫恩和夫人心花怒放，而儿子更是欢呼雀跃。赫恩就这次经历写了一篇博文，被人们疯狂传播。

为什么人人都喜爱乔西的故事呢？因为这个故事打破了我们的预期。当一个男孩在度假时丢失了一只毛绒玩具时，我们预期会发生什么呢？如果走运，我们或许会期待着能有人把玩具还回来吧。（就算有人把玩具还回来，估计也会为了减少运费而把玩具塞进纸箱里。）

然而，丽思卡尔顿的工作人员却花了几个小时在酒店里跑来跑去，带着一只长颈鹿毛绒玩具拍摄离谱的照片，（“找人往长颈鹿眼睛上放几片黄瓜片！”）一切都是为了给一群已经离开酒店、回到家里的客人制造欢乐。这件事真是令人不可思议。

丽思卡尔顿的工作人员打破了脚本。脚本这个词援引了 20 世纪 70 年代一项研究中的用词，指的是在意料之中的一段符合常理、但又无甚出彩的经历。比如，“餐厅的脚本”可能是这样的：我们走进大门，有人来迎接我们，把我们带到一张桌子旁，递过菜单。然后，另一个人端来几瓶水。负责我们这桌的服务员走过来，记下我们所点的菜。诸如此类。这就是餐厅点菜的流程。

利用脚本的概念，心理学家罗杰·尚克和罗伯特·艾贝尔森解释了人类大脑储存和运用知识的方法。[2] 举个例子，设想一下以下这个简单的情节：

约翰点了一个汉堡包。

端上的汉堡包是凉的。

他留下了很少的一笔小费。

想象这个情景很容易，这很奇怪，因为情景中从未提及服务员、盘子、餐桌，甚至餐厅。在我们潜意识中的餐厅脚本将所有缺失的信息都补齐了。现在，让我们来设想另一个情景：

哈里特参加了杰克的生日派对。

蛋糕很难吃。

哈里特给杰克的妈妈留下了很少的一笔小费。

等等，你说什么？我们心里可是有一份清晰的“生日派对脚本”的：父母赠送礼物，朋友们品尝蛋糕，孩子们不吃到糖果，就要把房顶掀翻。但是，给杰克的妈妈小费这一幕是绝对不会出现的呀——绝对不会。这段故事打破了脚本。

我们在上一小节的内容中看到，想要打造欣喜时刻，就要提升感官享受，并增加刺激性。打破脚本——颠覆人们对于一段体验的预期，就是第三种方法。

“打破脚本”是否只是让人惊讶的另一种说法呢？没错，出乎意料的确能让某个时刻给人留下深刻的印象，但是打破脚本的道理却并非一句惊喜那么简单。想要让人吃惊，既不费什么成本，又容易做到。如果你所在地区的电力公司正在提倡“周二断电”的活动，这自然会让人感到吃惊（如果这个活动旨在为“周六用电杀虫”的活动储蓄电力，那就更离谱了）。但是，这种出人意料的活动什么意义也没有。

打破脚本不只是一种出乎意料，更应该是一种战略上的惊喜。[3]丽思卡尔顿之所以制作了一本乔西的照片簿，是因为酒店想要凭借超一流的服务为人们熟知。这并不是个简单的善举。

打破脚本与出乎意料之间的另一个不同点在于，前者让我们不得不去思考脚本。我们的生活中充满了脚本：你的家人如何度过周日的脚本、你所在团队的员工开会的脚本、入住酒店的脚本……想要打破脚本，我们必须先去理解脚本。

对于人们来说，在麦当劳用餐的脚本是如此熟悉，简直让人感到慰藉。无论身在世界何处，你都能准确预料到将会接受怎样的餐食和服务，这种感觉很舒服。但是问题来了：熟悉感和难忘度往往是此消彼长的。有谁会珍惜上一次在麦当劳用餐的经历呢？如果想要为你的消费者打造值得铭记的时刻，你就必须要打破脚本。

一项针对“猫途鹰”网站上酒店评价展开的研究表明，[4]在那些表示体验到“令人愉快的惊喜”的客人中，足足有94%的人愿意无条件地向别人推荐这家酒店，而在那些“非常满意”的客人中，这个数字只有区区60%。“非常满意”可是个非常高的标准呀！因此，惊喜的意义可见一斑。（回想一下“冰棒热线”。）但是，你该怎样才能复制这些“令人愉快的惊喜”呢？

从某种意义上讲，魔术城堡酒店面对的情形还算简单，这家酒店的客人一生往往只会在这里住上一两次，因此，“冰棒热线”永远也不会显得老套。但是，如果你的客户们每周，甚至每天都来光顾，又会怎么样呢？这么一来，事情就没那么容易了。

设想一下这种情况：一位咖啡店的老板决定每逢周五向顾客免费赠送杏仁饼干。第一个周五，免费的杏仁饼干让顾客们感到愉快而惊喜。但到第四个周五，免费饼干在消费者眼里就成了情理之中的东西了。不难想象，免费活动一旦中止，消费者（简直是不知感恩的坏蛋）一定会怨声四起的。

那么，你该如何才能将打破脚本的频率拿捏在一个让消费者既能印象深刻，又能熟悉和适应的平衡点上呢？一个解决方案就是加入一些随机性的因素。比如，Pret A Manger 连锁咖啡厅的常客就发现，他们在点菜时会偶尔收到一些赠品。[5] 一位客服专家对接到免费咖啡有这样的评价："在过去的几年里，我收到过几次免费的咖啡，频率之高，应该不是巧合，但同时也不是次次都有的美事，因此足够让人感到出乎意料。这让作为消费者的我感觉受到了重视，这不但让我喜上眉梢，也鼓励我再次光顾。"

原来，这些"随机性"的礼物只能算是半随机性的。Pret A Manger 的员工们每周能赠送的热饮和食物都是有数量规定的。谈到员工，首席执行官克莱夫·施莱这样说："他们可以自行判断'我喜欢这个骑自行车来的顾客'，或是'我喜欢那个打领带的顾客'，抑或'那个女生或那个男生看上去挺顺眼的'。也就是说，有 28% 的顾客都能得到赠品。"

想一想吧。将近 1/3 的消费者都能至少得到一份赠品。（脸上有小酒窝的人，说不定能得到更多呢。）

当然，其他的零售连锁店也会向使用会员卡的消费者提供折扣或是赠品，但是施莱并不认同这种方法。"我们也考虑过发放会员卡的方法，但是我们不想把钱砸在烦琐的积分卡数据分析上。"

这真是精明的一招。Pret A Manger 重现了峰值体验中的惊喜和人性，而会员卡制度却早已将这二者程序化了。请注意，送礼这一环节对于工作人员和消费者来说都是一种满足。对于员工来说，在一个一举一动仿佛都要受到条条框框限制的行业中，能够拥有一些自行决定的空间不失为一种安慰：你每周都可以给你喜欢的人送点儿赠品。这对于员工来说也不失为一种打破脚本的方法。在服务行业中，一个好的惊喜不但能给消费者带来愉悦，而且能给工作人员带来满足。

另一个关于惊喜的事例来自西南航空公司，[6]这家公司是以向顾客提供低价机票和热情服务而名声大噪的。西南航空公司的机组人员即使在遇到无聊的工作时也会玩心大起，比如，他们会在做安全须知播报的时候即兴发挥。其中许多顽皮的安全须知已经在这些年间被人们疯传，西南航空公司的总部甚至有一面“名言墙”，用来纪念其中最出彩的一些妙语：

- 女士们，先生们，如果想要吸烟的话，吸烟区设于飞机的机翼上，如果能在机翼上点着烟，那您就待在那儿吸吧。
- 需要激活供氧设备时，拉下氧气面罩，罩在口鼻处，前5分钟的供氧服务需投币25美分，之后每5分钟续投10美分。不设找币哟！
- 如果您在日常生活中会遇到用得上救生衣的情况，那就把救生衣带回家吧。
- 先戴好自己的面罩，再为孩子戴上面罩。如果您是带着几个孩子同行，那就先给发展潜力较大或是比较能让你省心的孩子戴面罩吧。

这些俏皮话能够打造出峰值体验，因为它们打破了那些稀疏平常而单调乏味的安全播报脚本。但是，这些俏皮话价值几何呢？

是否有任何的经济效益呢？西南航空公司的数据分析团队负责从消费者数据中寻找有用的信息，本书的作者之一奇普在与这支团队的一次研讨会上提问：“顾客在听到一则有趣的飞机安全须知播报后，会多乘坐几次你们的航班？”

屋子里一阵寂静。大家从来没有考虑过这个问题，但是他们知道，他们是有答案的，因为他们拥有准确的数据。与许多公司一样，西南航空公司也痴迷于搜集大量的消费者数据；但与绝大多数公司不同的是，西南航空公司会根据这些数据制定重大决策。比如，数据分析团队曾经发现，乘客可以宽容短时间的航班延误，但是超过 25 分钟或 30 分钟之后，他们在未来选择西南航空航班的概率就会变小。因此，西南航空公司的高管们评估了额外购买两架波音 737 作为备用飞机的选项，考虑用这两架飞机在其他飞机出现故障时做候补使用。这笔投资虽然不能根除航班晚点的问题，但可以减轻问题的严重性。要问总体价值多少？每架飞机 5 000 万 ~7 000 万美元，两架加起来大约有 1.2 亿美元。

这个关于安全须知的问题引起了包括弗兰克·图利、凯蒂·博因顿，以及迈克尔·奥弗利在内的数据分析团队的兴趣，他们一头扎进了乘客数据的分析之中。根据公司的调查，大约在每 70 名乘客中，会有一人主动告诉别人，他们听到了一条有趣的安全须知。根据这些调查，数据分析团队将乘坐同一架飞机的乘客找了出来，因为这些人都听到了同样的安全须知。

尤其让数据分析团队感兴趣的是那些每年乘坐一次以上西南航空公司飞机的乘客的习惯。让我们把这些人暂时称为“忠实乘客”。（其他乘客的乘机频率太低，很难检测出他们乘机习惯的变化。）数据分析的结果是这样的：相比于没有听到有趣的飞机安全须知的忠实乘客，听到有趣的安全须知的忠实乘客每人会在翌年多乘坐半次航班。（当然，这只是个平均数，不带降落伞是很难乘坐半次航班的。）

这额外的半次航班的价值是多少呢？根据数据分析小组的计算，如果西南航空公司能够将乘客听到有趣飞行安全须知的次数提升一倍，那么就能为公司带来超过 1.4 亿美元的利润！这个数字超出了两架波音 737 的成本。但是，这只是每年的利润，也就是说，只要让“机上喜剧表演”多维持一年，你就能赚取相当于两架喷气式飞机的额外利润。只需让你的机组成员多讲几个笑话，就能达到这样的效果。由于这项投资完全不涉及实际的资金投入，因此，这样的资金回报率着实惊人。（你甚至不需要对机组人员进行专门培训，只需循环播放录音或是分发带有笑点的文字稿就行了。）就如我们在 Pret A Manger 的例子中看到的一样，美好的惊喜中总是蕴含着丰富的价值。

连续创业者斯科特·贝克认为，制造巧妙的惊喜是零售业中的一个基本法则。[7] 在百事达、波士顿鸡肉餐饮及爱因斯坦兄弟贝果店这三家大型零售连锁店担任领导者的贝克表示，想要发展一家连锁店，秘诀就在于“减少消极变量，增加积极变量”。所谓减少消极变量，就是要避免商店的经营方式出现变化，挫伤消费者的体验。如果一家爱因斯坦兄弟贝果店的贝果烘烤得恰到好处，但另一家店在一半时间里都会将贝果烤焦的话，这就是个消极变量。要想处理这个问题，店主就要设立确保每次都能将贝果烤得恰到好处的体系。

然而，贝克认为，在接待消费者时剔除“变量”因素的做法是错误的。当然，需要针对服务的水准设立一条底线：员工们应当礼貌待人，也应与顾客积极对视。可是，不同消费者的所想和所需却存在很大的不同。有的人心情大好，有的人却强忍泪水。要想增加积极变量，就要将人性和随机性带入体系之中。这就意味着要赋予员工打破脚本的权利。

这个理念不仅对员工适用，对于父母也同样适用。在家庭生活中，我们往往会一心忙着“将消极变量减少到最小”——按时送孩子上学，处理繁忙的家务事，不让兄弟姐妹间的口角发展成轩然大波。但是，在增加日常生活中的积极变量这个问题上，我们是否投入了足够的精力呢？

比如，在为这本书做研究期间，我们会定期与不同的人群进行沟通，看看他们是否觉得本书中的理念有实际意义。我们将其中最受欢迎的一个练习命名为“惊喜星期六”，[8]练习的流程非常简单：打破大家习以为常的星期六脚本。

人们好像非常享受这个练习。两位贫穷的室友一起攒钱去环绕着嶙峋岩石的科罗拉多著名的红石露天剧场观光。一位浪漫的丈夫在星期六的晚上为妻子安排了一次圣安东尼奥河滨步道上的野餐。一位女士让女儿来策划星期六的日程，当女儿拿出一个按小时周密规划的条理分明的计划时，她大呼吃惊。（这位女士说：“我是一位工程师，因此简直心花怒放！”）

“惊喜星期六”活动衍生出了一个个短暂的决定性时刻。仅仅靠打破常规，我们就能创造出更多的峰值体验。

非常规会议：让员工走出去寻找创意

峰值体验能为我们的生活增光添彩。这些体验让高中毕业典礼更有意义（“人性的审判”），让乘机体验更加有趣（西南航空公司），也为孩子们增添了快乐（乔西的假期）。如此说来，这些体验是随时可以起作用的，也就是说，这些体验能够发生在任何时间，也具有持久的效力。但是不要忘了，峰值体验也能被用来作为转变的标志（如婚礼和毕业典礼）。领导变革的高管们应该特意打造峰值体验，以此作为“老方法”和“新路子”之间的分界线。说到底，转变的核心，就是对打破脚本的需求。

2008 年，美国威富集团的首席执行官让副战略官斯蒂芬·达尔引导一场让公司更富创新精神的活动。[9] 达尔和他刚刚雇用的新同事余松佳一起牵头开展这个创新项目，两个人准备了一份见解深刻且数据丰富的 PPT 演示文稿，以此来阐释他们的构想。两个人之前都有顾问工作的背景，他们不断地在文件中添加妙语巧思，最后，PPT 累积到了 120 页之多。

之后，距离两人在整个公司展示活动计划还有两个月的时候，达尔对这种方法失去了信心，决定换一种方法。他意识到，如果想要成功，就必须打破脚本。

威富集团的情况很复杂。你或许不认识这家公司的名字，但这家公司的投资组合中包括了威格（Wrangler）、Lee Jeans（一个牛仔裤品牌）、范斯（Vans）、诺帝卡（Nautica）、杰斯伯（JanSport）、添伯岚（Timberland）及北面（The North Face）等知名的时尚品牌。一般来说，这些品牌都有自主运作的权力，而作为控股公司的威富集团则一直在幕后提供资金和后勤方面的支持。然而，2008 年的经济危机出现后，威富集团遇到了瓶颈，公司的高层管理人员也开始重新考虑是否要以松散的品牌联盟形式继续经营。

举例来说，北面和杰斯伯有许多相同之处：两家公司都专注于做户外产品，就连背包这样的主打产品也趋同。在加利福尼亚州的圣利安卓，两家公司的团队共用一间办公室，中间只用一面与办公间一样高的墙壁隔开。但是，根据余松佳的理解，“这道墙就像分界线一样。两家公司的员工不会相互交谈，也不愿意彼此共享信息。即便如此，他们仍然选择和相同的几家供应商做生意，制作出来的产品也大同小异。但是，他们就是不愿意互通创意”。

这些品牌不仅是彼此独立的，简直是彼此隔离的。他们太依赖于“买手”们心血来潮的想法了，而这些买手就是时尚产业中负责预测消费者喜好的人。余松佳说：“很多人都有这样的心态，‘好吧，消费者并不知道他们三年后想要穿什么样的服饰，那就让我来告诉他们应该穿什么吧’。”

对买手如此信赖，会磨平品牌学习与钻研的冲动。这些品牌不再努力接近消费者，不再为了与竞争者的比拼而绞尽脑汁，也不再继续寻找新的合作伙伴——从根本上来说，这就是达尔和余松佳想要改变的企业文化上的停滞。他们希望这些品牌能够相互学习，更重要的是，他们希望这些品牌能够走出去，从广大世界中汲取营养。

达尔决定淘汰这份120页的PPT，和余松佳一起从头开始。他们意识到，他们的目的不是让同事们理解什么，而是让他们有所感悟。而这个目标，必须要在预计于2010年9月在洛杉矶举行的领导会议上实现。

达尔表示：“我们决定，有关会议的一切都要改变。你想问标准的领导会议是什么样的？好吧，走进会场，你会看到一间低顶的会议室，圆桌旁摆着那种让人坐上去不舒服的千篇一律的金属椅子。然后，几乎清一色的是公司内部人员的演讲者接连上场，发表让人昏昏欲睡的讲话……这就是标准的领导会议。”

达尔设计了一个打破会议脚本的计划。企业文化的变革既艰难又缓慢，要想有机会实现变革，会议形式就必须出人意料。

大约 150 名同事来到了位于洛杉矶的会议大厅，他们发现，会场里没有桌子和椅子，只有足够容纳 150 人的沙发。威富集团的首席执行官埃里克·怀斯曼站起身来，拉开了会议的序幕。达尔说："每个人都做好了安安稳稳地坐着听完 30 分钟开幕演讲的准备。"但是，意想不到的事情发生了。怀斯曼宣布，在这为期两天的会议上，大家都要"出去寻找新创意"。

不到 5 分钟，大家就都走出了门外，踏上了开往各处的巴士。其中一队参加了一场美学工作室的活动，专业人士为每个人化好妆，帮助他们选好衣服，然后指导他们进行摆拍；另一队与一群街头涂鸦艺术家在洛杉矶内城的一幢建筑物上进行涂鸦喷绘（这是合法的）；其他人有的在马里布海滩学习冲浪，有的练习即兴喜剧表演，有的则与名厨沃尔夫冈·帕克一同烹饪了一顿大餐。

余松佳说："绝大多数的公司都会让人们去思考 PPT 展示的内容，希望他们能有所感触，然后做出改变。但是说实话，绝大多数的 PPT 都无法调动丰富的感情——而我们则决定来个逆转。我们先让人们全身心地参与一些积极的活动，这将会带动更多情感上的反应，好让他们有所感触。这样一来，他们就能去思考自己所学到的东西了。"

在这次为期两天的领导会议上，达尔和余松佳取得了意义深远的成果：从本质上来说，他们让公司的新战略变得更加震撼人心。想要创新，第一步就是跨出办公室。心情愉悦并不是坏事！这不仅能刺激你，还能挑战你的极限，为你注入活力。

这次体验让人们对公司关于创新的新策略充满了期待，回到家后，参会者们开始将“到外面去”这条理念发扬光大。全球领先的背包制造商杰斯伯的总裁史蒂夫·穆恩表示：“我们一直以来都将自己定位为一家‘搬运东西’的品牌，着眼于为那些把东西从 A 处搬到 B 处的消费者提供方便。”但是，使用杰斯伯背包的人中不仅有通勤族和学生，还有像登山运动员和流浪汉这些更加“极端”的例子。通过观察人们对背包的使用方法，杰斯伯意识到人们并不仅仅是在携带背包，也会从包中拿出东西，以及在咖啡厅、巴士或是图书馆这样的“第三空间”使用背包。未来的背包会不会成为一种便携式书桌，内置各种设备的接口，还带着一条随时可以在星巴克插入墙壁插座的电线呢？

威格公司的一支团队与几位结构工程师会面讨论悬臂设计这个主题。所谓悬臂，就是一种只有一端锚定的结构。想一想跳水板或是阳台，这样的结构只有一端牢牢固定，而另一端则仿佛在没有支撑的情况下悬吊着。许多桥梁和建筑都使用了类似的结构。

悬臂设计可以轻松地支撑和抬升笨重而庞大的建筑物。威格团队灵光一闪：我们也可以优雅地抬升臀部！就这样，威格翘臀牛仔裤系列诞生了。之后，威富的另一个叫作露西（Lucy）的品牌也将这个理念融入自家，这个例子，很好地体现了达尔和余松佳渴望在威富旗下各品牌之间所看到的“相互学习”。

在落户洛杉矶的 6 年中，威富集团的收益从 70 亿美元上升至 130 亿美元，其中绝大多数的收益上涨并不是依靠并购，而是由组织内增长带来的。现在的威富集团拥有一条被达尔估值为 16 亿美元的创新产品渠道，[10] 正在进行即将上架的零售产品的设计和测试。打造和孵化这些产品的企业文化，已然认识到了去外面寻找创意和灵感的重要性。

而威富企业文化变革中的决定性时刻，就是在洛杉矶举办的那场领导会议。无论是会议沙发、接送大巴，还是创意之旅活动，这场会议的设计宗旨，都在于奉上“战略上的惊喜”。

惊讶心理学：新鲜感的威力巨大

对于创业领导者而言，打破脚本是一个战略，这样做不仅能够打造凸显公司品牌的时刻，也能像在威富集团的例子中一样，巩固战略上的革新。但是，在企业圈之外，打破脚本拥有更为广泛的意义，它能帮助我们理解对某些事物记忆犹新的原因，也能让我们对于一个关于记忆的最有趣的谜题产生更深入的了解。这就是“记忆隆起”①。

在多西·贝恩森和戴维·罗宾进行的一项研究中，[11] 他们调动参与者想象一位刚刚出生的婴儿将要面对的人生，并预言出“这个孩子生命里可能发生的最重要的事件”。下文便是选择次数最多的前 10 个事件（按先后顺序排列）。看看你能不能在其中找到什么规律：

1. 生孩子
2. 结婚
3. 上小学
4. 上大学
5. 恋爱

① 记忆隆起（reminiscence bump）是指，人对于某段生活经历的记忆曲线不同于传统的回忆量递减的遗忘曲线，而是出现了回忆量增加的情况。——编者注

6. 亲友的逝去
7. 退休
8. 离家
9. 双亲故去
10. 第一份工作

令人吃惊的是，10个最重要事件里的6件事都发生在一个较窄的时间段内：15~30岁。（这个估算的前提是婚姻和生子都在这个时间段内发生，这虽然不适用于所有人，但却是绝大多数人的情况。）

研究还表明，同样地，如果让老年人回想起最为深刻的记忆，他们所引用的大多数回忆也都会出现在15~30岁的时间段。心理学家将此称为“记忆隆起”。那么，15~30岁这段在正常人的一生中连20%的比重都达不到的时间段，为何能够在我们的记忆中占据主导地位呢？

克劳迪娅·哈蒙德在她的《错觉在或不在，时间都在》一书中表示：“记忆隆起的关键，就在于新鲜感。我们之所以对青春记忆犹新，是因为这是一段……由很多个‘第一次’构成的时间——第一次做爱，第一份工作，第一次脱离父母独自去旅行，第一次离开家住，第一次对自己的生活实实在在地拥有独立的选择权。”

新鲜感甚至能够改变我们对于时间的感知。贝勒大学医学院的瓦尼·帕里亚达斯和戴维·伊格尔曼进行了一项实验，在实验中向参与者展示了一系列的图像。[12] 绝大多数的图像都是一模一样的，但偶尔会有不同的图像插在其中：棕色的鞋子、棕色的鞋子、棕色的鞋子、棕色的鞋子、棕色的鞋子、闹钟、棕色的鞋子、棕色的鞋子……虽然每幅图像的展示时间相同，但参与者的感觉却并不如此。他们坚信，打破规律的闹钟图像在屏幕上停留的时间更长。这种错误的知觉，被人称为“特异目标现象”。

作为神经科学家的伊格尔曼认为，导致特异目标现象的原因其实是大脑对于棕色鞋子图像的厌倦。第一次看到这幅图的时候，你会仔细地观察，记忆也会快速地“记笔记”。但是，随着图像的重复出现，你的注意力也在逐渐下降。到了第七次出现重复图像的时候，你只需匆匆一瞥就知道，好吧，又是同一只鞋。然后，在看到打破寻常的闹钟时，你又一次开始动脑记忆。你的大脑会对闹钟记录大量的“笔记”，而对不断出现的鞋子则会用寥寥几笔带过，由此产生的记忆“密度”的不同，会造成闹钟图像出现时间较长的错觉。

换句话说，惊喜能够使时间延长。为了支持这个观点，伊格尔曼使用了一些比较极端的方法。他曾经在一项实验中要求自愿参与者从 4 米多高的平台上跳下，自由落入一张网中。[13] 之后，参与者需要估测落体时间有多长，他们的估计，要比实际用时平均高出 36%。恐惧和专注使得时间仿佛延长了。（这么说来，可以给大家一个“长寿”的诀窍：没事就狠狠地吓唬自己吧。）

之所以有很多人都觉得时间会随着我们年龄的增长而显得过得越来越快，从直觉上来说，原因就在于此。我们的生活变得越来越老套和缺乏新意。我们看到的“棕色鞋子”越来越多，而“闹钟”却越来越少。

这个领悟的确有些令人丧气。最难忘的岁月，难道真的已经逝去了吗？

或许真的是这样。但是，这说不定是一件好事。因为，想要在人生的中后期创造出第二个记忆突点是很容易的事。只要和你的伴侣离婚，辞掉工作，搬到新西兰去住，变成一个牧羊人就行。这样的生活充满了新鲜感，你也一定可以留下一长串深刻的回忆。但是，让我们不要把深刻的记忆与人生的智慧混为一谈。

对于那些因未来不如过去更让人记忆深刻而发愁的人，我们的建议就是，要尊重“多样性是生活中的调味品”这句老话中的智慧，但同时也要注意，这句话可没有说“多样性是生活中的主菜”。没有人会把胡椒和草药当饭吃。小小的新鲜感的确有着巨大的威力，但还是要学会读懂属于你自己的脚本。你可以改写脚本、反转脚本、颠覆脚本，但不要把这当作主业，只要保持那“棕色的鞋子”能带给你足够的新鲜感就行。

通过打破脚本，我们能够制造一系列更加丰富多彩的记忆。就像《惊讶心理学》一书的两位作者所写的那样：“当万事确定时，我们感到最为安心；但当万事不定时，我们却感到最有活力。”[14]

欣喜时刻
要点小结

1. 欣喜时刻指的是超越平常的体验。这些体验让我们感到专注、享受、惊喜、干劲儿十足。

- 具体例子：生日宴会、婚礼、足球赛、公开演讲，或是说走就走的自驾游。

2. 如比赛、音乐舞蹈表演或是庆典这样的活动本身自带峰值体验。但是，生活中除了这些活动的其他领域却往往无聊得让人抓狂。

- 高中校长的话："运营学校的方式，就像在组织一场没有终结的练习，永远没人有机会打比赛。"

3. 以下是打造更多欣喜时刻的 3 种原料：（1）提升感官享受。（2）增加刺激性。（3）打破脚本。大多数欣喜时刻都会包含这三者中的两三个特征。

- "人性的审判"三者兼备：（1）提升感官享受——戏服，以及真正的法庭。（2）增加刺激性——有一方会在辩论中获胜，拔得头筹。（3）打破脚本——这场审判中的每一个细节都打破了平日里学校生活的节奏。

4. 第三种原料——"打破脚本"需要我们特别关注。所谓打破脚本，就是颠覆人们对一种体验会如何展开的预期。这是一种战略上的惊喜。

- 丽思卡尔顿的工作人员为小男孩丢失的玩具“乔西”拍摄了一本妙趣横生的相册，从而打破了脚本。

5. 打破脚本的时刻对于企业的改变起着关键作用。这些时刻是“老方法”和“新路子”之间的分水岭。

- 威富集团的领导会议为时不过几分钟，之后便鼓励员工们“到外面去”参加冲浪课程或练习即兴喜剧表演。

6. 打破脚本的时刻，也是我们人生中记忆最为深刻的时刻。

- 回想一下“记忆隆起”，也就是那段充满了新鲜的第一次时光：我们的初吻、第一份工作等。
- 新鲜感可以让时间慢下来。正因如此，随着年龄的增长，我们会感到时光流逝得更快了。

7. 注意：即便有了这 3 种简单的原料，创造欣喜时刻也仍是一件难事。没有专门负责打造欣喜时刻的人员，因此，创造欣喜时刻的任务很容易被搁置，或是草率完成。

- 留心合理性对灵感的磨灭：“我们把冰棒放在制冰机旁边的冰箱里，不就可以了吗？”

8. 虽然困难，但“峰值时刻”仍然值得打造。我们生活中的一些令人印象最为深刻的体验，就是由这些时刻带给我们的。

- 在临终的日子里，尤金·奥凯利找到了属于他的“完美时刻”。

2号诊所

如何为老套无味的会议重新赋予新鲜感？

读者须知

本章及后三章中的“诊所”的宗旨，在于向大家示范该如何利用本书中的核心框架（欣喜时刻、认知时刻、荣耀时刻及连接时刻）来创造决定性时刻。“诊所”部分的内容并不仅仅适用于所在的章节，我们希望这些内容能够涉及通篇，提醒大家不断回忆本书的总体框架。

背景信息

马修·弗雷神父是得克萨斯州伊格帕斯的一位教区长，这座小镇距离墨西哥边境大约有 1.6 千米的距离。每个月，他都会与教区委员会——教堂的长老理事会碰面。这就是那种许多非营利性和宗教性质的组织常召开的会议，用弗雷的话来说：“我们先回望一下以前的工作，再展望一下未来的工作，然后，我们会一起看财务报表，再聊一聊教会的资金有多么短缺。总是这么千篇一律。”[15]

理想效果

弗雷想为会议赋予新的生机。他如何才能让会议成为新创意的源泉呢？如何才能让会议给人兴奋感，而不是被人看作管理工作的负担呢？他尤其希望能够调动委员会的成员一起思考，如何提升第一次来教堂参观的人的体验。

如何打造决定性时刻？

这是一个怎样的时刻？（1）在这个事例中，答案很明显，弗雷应该在一场委员会上安排特殊的活动。（2）当然，弗雷也应该关注委员会中存在的其他关键转变点，如新成员加入，或是老成员换岗离会的节点。（3）在这次的诊所里，我们将注意力放在会议本身。请注意，我们会在本书的后续内容中对下文提到的一些方法展开更详细的介绍，有的术语可能听上去比较陌生，但是大家都能掌握大意。

让欣喜升级

（1）打破脚本。弗雷选择打破脚本。教会委员会成员前来赴会的时候，他给每个人分发了纸和笔，然后将人们分为两三人一组的小组。他给大家布置了一个任务：把自己想象成第一次来教堂参观的游客，在教堂里游览 15~20 分钟。你注意到了什么？参观过后，成员们给出了一系列的反馈：

① 教堂虽然有双语服务，但所有的标牌都是英文的！

② 我们的教堂里正在举办一场匿名戒酒会，真没想到参会的人有这么多。我们还有没有向公众开放设施的其他方法呢？我们怎么才能让公众明白，我们是欢迎大家和我们一起做礼拜的呢？

③我都已经忘记这座教堂有多美了！

（2）提高刺激性。弗雷还可以再进一步。他能不能根据委员们的反馈来鼓励他们向教会提出改善参观体验的建议呢？这么做，或许能够给教会增加一些压力和责任感。

（3）提升感官享受。弗雷鼓励大家进行实地参观的建议其实已经为体验增添了一点儿乐趣。那么，他能不能给大家安排“角色”，让大家一边参观，一边进行角色扮演呢？比如，“你是一个 28 岁的拉美裔单亲妈妈，你有两个孩子，刚刚搬到这里。你正在为孩子该选哪所学校而犯愁，这时，一个朋友向你介绍了我们教会的学校。你正在考虑学校是否适合你的孩子”。这种方法或许更便于让大家从崭新的视角来审视教堂。

让认知升级

（1）被现实“绊倒”。弗雷的计划让委员会成员有机会主动获取认知。由认知衍生出的想法（添加西语标牌，邀请其他社团来使用教会的设施），最终也成了委员会成员自己的想法。如果这些想法是从教会的“建议箱”中取出来的，那么大家可能会对这些想法更加抵触，或是不那么积极拥护了。

（2）突破认知。弗雷可以利用未来的委员会会议来鼓励教会长老们自己当一次参观者，这样既可以参观其他的教堂，又可以参加某个社团的一场聚会。作为团队中的新人，这是什么感觉呢？有哪些团队能够让你很快融入？教会能从他们身上借鉴些什么呢？

让荣耀升级

（1）多设里程碑。委员会可以在获得某些成就时共同庆祝——比如，第一次有人在参加完教堂举办的社团活动之后，决定加入教会时。

（2）认可他人。教会长老们可以对那些热情欢迎参观者的教民表示认可和赞扬。

让连接升级

（1）就像上文所说的一样，角色扮演能在生活背景不尽相同的委员会和教民之间搭建理解之桥。

（2）打造共同使命感。弗雷也可以在委员会内部建立起沟通的桥梁。比如在会议开始时，他可以让委员会成员回忆教堂在迎接参观者方面做得最好和最差的案例。这种共同的回忆能够让人们重新审视工作的意义。

最后的总结

弗雷表示，“实地参观”练习达到了显著的效果：“时至今日，大家仍在讨论当天的所见所闻。”如果你所在的企业正计划举行一次会议，那这次会议就是一个大好机会，为与会者打造出翻新视野、重注活力的时刻。并非所有的会议都必须成为“决定性时刻”。但是，每开 5~10 次会，你都应该寻找一种打破脚本的方法。

第一部分 欣喜时刻

第二部分 认知时刻

第三部分 荣耀时刻

第四部分 连接时刻

如果一个人生活中的决定性时刻并不满是欣喜，反倒充满了痛苦，那会怎么样？

在被问到职业生涯中的决定性时刻时，一位男士这样写道：“做第一份工作的时候，我位列初级人员的最底层，因此，就算跟我同级的同事获得加薪，也还是轮不上我——我的收入比同级的同事都要少。这是我第一次真正经历失败，这也是一记警钟，让我明白在学校里掌握的技能是无法帮我在职场上取胜的。”

好吧，这听起来一点儿也不像一个属于欣喜时刻的故事！这位男士并没有感觉高兴、投入，或是“超越于平常”，而是被负面的评论弄得措手不及。但是，这也并不是个简单的感情上的低谷，而是一个有可能带来更加光明的前途的低谷——想避免类似事件再次发生，我就必须要做出改变了。

认知时刻能让我们产生认识和转变。有的认知虽然微不足道，但意义非凡。你在最喜欢的咖啡厅里分别试喝了来自南美和非洲的咖啡，发现二者的味道大不相同，这让你在购买时多了一点儿判断依据。在婚礼彩排晚宴上，你讲了一件关于新郎的趣事，让大家对他的个性有了更深入的了解，这便为这次社交体验添加了新的认知。

在接下来的内容中，我们将会探索更有重量的认知时刻，也就是那些让人恍然大悟的时刻。其中有的认知时刻是消极、阴暗的，比如，我对这个一点儿也不拿手，或是我对我所做的事情失去了信心；而有的认知时刻却带有巨大的正能量，比如，这就是我要一生相伴的人！或是在创意上有新发现时的“灵光一闪”的时刻。

许多认知时刻都是偶发的，就像闪电一样一闪而过。没有人能解释其中的原因，因为顿悟毕竟无法事先计划。

但是，偶发的认知时刻并非完全超出我们的掌控。我们将会在下文探索两种打造认知时刻的方法。我们可以选择让他人被现实“绊倒”（第五章），而当我们需要对自己产生更深刻的理解时，我们也可以选择“突破认知”（第六章）。

在接下来的内容中，我们与大家分享的故事涉及厌恶、醒悟、心碎及狂喜等激烈的情绪。而开篇的这个故事所带来的震撼，会让大家久久无法忘怀。

第五章 被现实『绊倒』

引发恶心和羞愧：孟加拉乡村的卫生改革

2007年，于1840年创刊的《英国医学杂志》邀请读者们评选出1840年之后医药界最为重大的事件。[1]结果，麻醉剂位列第三，抗生素位列第二，而大家或许都没想到，位居榜首的竟是包括了下水道排污和洁净水的制造方法在内的“卫生改革”。

但是时至今日，世界上的大多数地区仍在对这次改革的出现翘首以待。

到2016年，世界上大约有10亿人无法饮用干净水，另有10亿人（很可能是同一批人）因没有厕所而在户外大小便[2]——而这些场所往往是多人共用的。这种随地大小便的做法会严重影响人类健康，这样的事例在1840年就发生过。这场事件导致了包括霍乱、钩虫病、蛔虫病及血吸虫病等疾病的大范围肆虐，有人受疾患折磨，有人则不治身亡。

如何才能中止随地大小便的行为呢？答案看似简单：提供公共厕所就行了。许多年来，这也的确是许多开发机构所选择的策略。给大家举个典型的例子，1999 年，水援助组织资助了孟加拉国北部一些村庄的公厕建设。为了确保项目的成功实施，他们另外邀请了卡莫尔·卡尔博士对项目进行评估。于是，这位博士便来到了位于孟加拉国的项目所在地，而我们的故事就从这里开始。

温馨提示：下文的故事中有很多恶心的画面，也会经常出现用“屎”这个不雅之词指代排泄物的情况。我们当然不会无故滥用这个词，无奈这个词偏偏是故事的核心。如果读者不想看到这个词，那么我们建议大家直接跳到下一小节。

卡尔发现，孟加拉国的项目完全按照计划在实施。公厕的质量很好，也有许多人在使用。但同时，他也发现了一些意料之外的情况，他说：“我会到村子后面的田地里去走走，但无论在哪个村子，我都会踩到屎。”随地大小便的现象仍然很猖獗。他知道，一旦雨季来临，粪便[①]就会在村子里四处横流。换句话说，只有一部分（哪怕是一半）人使用公厕是不够的。要想解决村里的卫生问题，使用公厕就必须成为人们生活的准则。

这个时刻，让卡尔恍然大悟。全世界的开发机构都将随地大小便归为硬件设施不足：只要建设足够的公共厕所，我们就能解决这个问题了。但是，问题并没有这么简单。对于一些村民来说，这些公厕就像是一个他们不想解决的问题的解决方案。在有些地方，人们拆除公厕，而拆下的零件被拿去作为他用。马拉维的一个公

---

① 卡尔认为，使用“粪便”这样的医学术语或是“便便”“屁屁”这样的幼儿用语来做低调处理是不对的。来到新的国家工作的时候，他一定会询问当地人用来指代粪便的土话。他想用这个词引起大家的警醒。

厕项目因为建得太豪华，竟然没有人使用。一位名叫乌梅路·奇路兹的建筑工人说：“如果你问村民们为什么不用公厕，村民们会反问你，‘我真的应该把屎拉在那栋……比我的住处还要高级的建筑里吗？’”[3]

卡尔意识到，随地大小便并不仅仅是硬件问题，还是一个行为问题。如果某地的居民不愿改变其行为习惯，再多的硬件设施都是毫无意义的。

以这个认知为基础，卡尔研发出了一种叫作“社区领导整体卫生”（简称 CLTS）的方法，时至今日，这种方法已经在全球 60 多个国家得以实施。[4]可不要被这看似无聊的英文缩略名给唬住了：这种方法的效果非常惊人。以下便是对一次典型的 CLTS 法实施的戏剧性重现。

一位 CLTS 项目顾问来到一个村落，并进行了自我介绍：“我正在考察不同村落的卫生状况。能不能让我四处看看，提些问题？”[5]在村里考察了一段时间后，他已经成功地引起了一小群人对他的兴趣。于是他组织了一场“跨村徒步旅行”，带领这群人从村子的一头走到另一头。

“你们都在哪儿拉屎？”他问道。于是村民们便把他带到公共排泄的场所。他们觉得很丢脸，想要赶紧离开，但是项目顾问却停下来不走，指着地上问道：“这是谁的屎？今天有谁在这里拉屎了？”几个人举起了手。

臭味扑鼻而来，人们都用衣服捂着鼻子。项目顾问继续提出令人反胃的问题：“这坨屎为什么是黄色的？这坨怎么是棕色的？”

他将大家的注意力转移到围着一堆堆粪便打转的苍蝇上。“这里经常有苍蝇吗？”大家纷纷点头。项目顾问看到一只鸡在低头啄屎。“你们会吃这样的鸡吗？”大家不情愿地点点头。所有的问题都特意被设置得不带任何感情色彩——项目顾问接受过专业训练，他们只提问题，不提供建议或意见。

一群人走过村落，在一个大规模公共场所停下来。人越聚越多，大家都想看看到底发生了什么。项目顾问让村民们在沙土地上画一幅村子的大致地图。很快，村民们就画出了村子的轮廓，也标出了学校、教堂及小溪这些重要的地标。然后，项目顾问让村民们使用石头或树叶来标出自己家的位置。

地图被标满之后，项目顾问指着自己带来的一包黄色的滑石粉，让人们撒在村民会大便的地方。他说：“在屎多的地方多撒些滑石粉。”人群中发出紧张的笑声。孩子们很享受在代表着随地大小便的地方撒滑石粉的过程。

项目顾问说：“遇到紧急情况的时候，你们会在哪里拉屎？比如遇到暴雨，或者你拉肚子之类的情况。”大家一边笑，一边把黄色滑石粉撒在各处。这些地方大多在人们的住家周围——在紧急情况下，村民们来不及赶到公用区域。

很显然，到了这个时候，整个村子都被黄色的滑石粉覆盖了。

一股骚动笼罩了人群：焦虑、恶心、气愤，以及尴尬。大家不知道顾问的葫芦里卖的是什么药。

项目顾问让人拿来一杯水。

一个人将水拿过来。顾问询问一位妇女，愿不愿意喝掉这杯水，她回答没问题。顾问又向其他人提出了这个问题，也得到了肯定的答案。

他从头上揪下来一根头发。“我手里拿的是什么？”一根头发。“大家能不能看清楚？”不，看不清楚。他朝大家聚集的地方旁边的一堆屎走去，将头发蘸上屎，然后把脏头发扔进水杯里，摇晃着搅匀。

顾问将杯子递给一位村民，让他喝下去。那位村民拒绝了。顾问又将水杯递给其他人，大家都不愿意喝。“你们为什么不愿意喝？”“因为水里面有屎！”

项目顾问一脸的迷茫。他问道：“一只苍蝇有几条腿？”“6条。”“没错，而且每条腿上都有齿状的绒毛。你们觉得苍蝇腿能比我的头发沾更多的屎还是更少的屎？”答案显然是更多。

“你们有没有见过苍蝇趴在你们的食物上？”“有。”“你们会把食物给扔掉吗？”“不会。”“那么，你们吃下去的是什么呢？”

此时，人群中的紧张感已达到了极限。卡莫尔·卡尔将这一时刻称作“点火时刻”。真相已然大白：村民们一直在彼此吃对方的屎，而且一吃就是好多年。

到这个时刻，谈话的发展往往超出了项目顾问的掌控。村民们气急败坏，他们开始煽动彼此：我们不能再这样下去了！这简直没有天理！我们该怎样才能中止这种做法？

大家往往会向项目顾问讨方法，但顾问拒绝给出答案。“你们对自己村子的理解比我要深。你们有自由做任何想做的事，包括继续随地大小便。”然而，村民们已经下定了决心。这种习惯即便延续一天，也让人无法忍受。

作为 CLTS 的发明者，卡尔明白，这是一个很有感情冲击力的方法。他表示：“恶心是最主要的触发因素。接下来便是羞愧。‘我们到底在做什么呀？我们还算是人吗？天天吃别人的屎？’”

CLTS 法虽然无情，却很有效。在这种方法的干预下，全球有数千个社群已经宣布进入了“无随地大小便”（ODF）状态，而在

CLTS 法已然成为全国卫生工作基础的孟加拉国，随地大小便的现象也已从之前的 34% 下降到了 1%。[6]

奇怪的是，CLTS 并没有引入任何“新的信息”。拿上文中的事例来说，我们假设村民们每天都会在公共区域大小便。他们看到邻居们也在做同样的事情，他们会闻到屎臭味，会踩到屎上，也会在屎上看到苍蝇和鸡。那么，村民们为什么需要通过 CLTS 法才能意识到摆在眼前的事实呢？

卡尔说，村民们常常会告诉他：“这是一个没人想要讨论的事实。一直以来，我们都选择掩盖这个事实，然而，CLTS 却一下子把真相带到了公众的面前，暴露在了光天化日之下……现在，真相已经没地方躲藏了，而是被赤裸裸地摆在了眼前。”[7]

在没有被迫被现实“绊倒”之前，村民们并没有真正地“看见”事实。

真相让人觉醒

与现实的碰撞往往会给人的情感带来一记重拳。当你得到了一个未曾预料，却打从心眼里知道是正确的顿悟的时候，你就与现实产生了碰撞。这个决定性时刻，能够在须臾之间改变你看待世界的方式。

心理学家罗伊·鲍迈斯特对以下几种人的顿悟进行了研究：参与“邪教”组织而后退出的成员，以及先酗酒、后戒酒的嗜酒者。鲍迈斯特表示，这样的顿悟往往包含了一个突出的“不满的确立”的时刻，在这个戏剧性的时刻里，一系列彼此独立的担忧和不满终于连成了一个整体。想象一下，有一位脾气暴躁的丈夫，一直以来，妻子都将丈夫的怒气爆发归咎于他“心情不好”，但就在那个时刻，妻子意识到这是丈夫的一个决定性的性格特征，而她再也无法忍受丈夫的这种性格了。这就是一个不满确立的时刻。

很多“邪教”组织的前成员都能回忆起一个幻想破灭的具体时刻，打从这个时刻起，他们再也无法像以前那样仰视这个组织的“领袖”了。鲍迈斯特说，这些人的故事让我们意识到，“他们其实打从一开始就在怀疑事情的真实性，只是一直都在压抑自己的疑虑，直到一件焦点事件让他们开阔了视野”。

鲍迈斯特研究中的不满确立时刻都是因缘所致。没有人能预料这些事件发生的时间（或是会不会发生）。值得注意的是，由 CLTS 法引发的认知与此有许多相似之处。项目顾问提出的问题迫使村民们“看到了”一直摆在眼前的事实。但是，这并不是一个因缘所致的“灵机一动”的时刻，而是一个提前设计好的时刻。

我们该如何在企业的日常工作中穿插更多有冲击力的认知呢？来看看斯科特·格斯利在 2011 年是如何处理微软的一个问题的。当时，他受史蒂夫·鲍尔默的钦点，担任了微软一个叫作 Azure 的快速发展中的云计算服务平台的负责人。[8]格斯利拜访了 Azure 的用户，他们对于这个服务平台的使用体验很明确：支持 Azure 的技术很先进，但这个服务平台却很难用。格斯利明白，如果不大幅提升用户的使用体验，这个服务平台就永远也别想达到预期的发展水平。但是，他该如何让同事们彻底理解他们做得不到位的地方呢？

格斯利与他的资深管理人和软件工程师召开了一次场外会议，并给大家布置了一个任务：像 Azure 的用户一样使用 Azure 创建一款应用程序。这不该算是一个困难的任务，但团队却遇到了重重阻碍。有的高管无法使用某些功能，有的人连如何注册都不会。格斯利对《财富》杂志的安德鲁·努斯卡说："现场简直是一片狼藉。"吃了苦果的高管们决心要解决他们所遇到的问题。在第二天会议结束之前，他们已经制订了重建 Azure 的计划。

这则微软的故事与卡莫尔·卡尔的故事之所以具有冲击力，原因很相似。首先，领导者知道自己想要分享的真相是什么。格斯利的信息是：用户无法使用我们家的产品。卡尔的信息是：村民们对自己的健康造成了危害。其次，这些真相很快就能让人警醒。得到某种认知无须几周或几个月，而只需几分钟或几小时。与现实的碰撞发生在须臾之间。

最后，真相是作为听众的人们自己发现的。这也使得采取行动的需求显得更加迫切。格斯利没有与大家分享他与用户会面后得出的发现，而是打造了一个让大家复制出他的发现的环境。他的发现成了大家自己得出的认知，从而也让大家有动力采取行动。同样地，CLTS 的项目顾问虽然真真切切地看到了问题所在，却并没有直接表达自己的担忧。他们召集村民用自己的眼睛去发现问题。"灵机一动"的顿悟时刻，永远都应该发生在观者自己的脑海中。

明确的认知、用时简短、由受众自己发现，这份由三种元素组成的配方为我们提供了一份蓝图，供我们在希望别人面对不愿面对的真相时使用。CLTS 的项目顾问可以对村民进行说教，向他们展示村子卫生政策的现状和数据，这样的做法自然省心。但是，在当事人内心结晶成型的认知，其冲击力要强得多。

关注问题而非解决方案

一只脚卡在某处，会使人失去平衡，这就是被绊倒。而所谓被现实“绊倒”，就是大脑卡在了某处，让人失去了平衡。那么，让你的大脑卡住的地方，到底是哪里呢？

想象一下，如果你有一个想要得到其他人支持的好的解决方案，你会怎么做呢？你会努力说服他们接受这个方案：我已经尝试了许多不同的方案，这个是最靠谱的；我有一大堆的证据能够证明这个方案的可靠性，许多使用了类似方案的人都赚得盆满钵满；还有，我有没有告诉你，这个方案也非常容易实施？

换句话说，你将重点放在了解决方案的好处上。但是，我们从本章的故事中可以看出，没有人在聊解决方案。卡莫尔·卡尔并没有鼓吹公共厕所的优点，微软的斯科特·格斯利也没有用产品展示Azure该加入哪些新功能。

他们所做的，是为问题添油加醋：如食用粪便的问题，又如软件包不好用的问题。这些问题一旦在观众的脑中变得迫在眉睫，大家的思想马上就转到了解决方案上。

若是不能理解问题，我们就不会重视解决方案。因此，在谈到被现实“绊倒”的时候，我们指的是某个问题或是某种危害的真实情况。这便是通过一个时刻来点燃认知的利器。

想要接受这个原则，我们就必须尝试用一种全新的方法说服别人。我们来看看迈克尔·帕尔默的例子。他是弗吉尼亚大学的一位化学系副教授，也是大学教育资源中心的副主管。在2009年，他开创了一项名叫“课程设计学校”（CDI）的为时一周的活动。[9]这个活动的设计宗旨，便是帮助教授们设计出他们将要教授的课程。星期一的早晨，教授们带来各自拟订的教学大纲，到星期五下午，大家已经对大纲进行了彻底的修改，为自己的课程创制了一份升级后的大纲。

帕尔默说："高等教育中有一个隐形的规则，那就是没有人告诉教职人员该怎样教学。"在帕尔默为时一周的课程设计学校活动中，教授们学到了科学的教学方法：比如，如何激励学生，如何针对不同类型的学生开展教学活动，以及如何确保学生记住最重要的概念。

帕尔默在设计课程时用到的一个关键因素叫作"逆向整合设计"。首先，你要认定教学目标。其次，你要想好该如何评价学生们是否达到了该目标的要求。再次，你还要设计出能够帮助学生们超额达标的活动。

这些步骤听起来的确简单，但是，大学教授的工作却与这种设计方法格格不入。教授们所面临的情况大多是这样的：在学期开始之前，你往往会在毫无准备的情况下接到教授一门课程的任务。我们假设这门课是"基础化学 1"。你浏览了一遍课本，不禁大吃一惊——我该怎样做才能在一个学期里把这么多内容都教完呢？简直让人不知从何下手。

要兼顾的可变因素太多，因此你选择先插地标——你选了一种课本。现在，你至少能用这本书的目录作为大致的指示路线图了，这让人放心了一些。然后，你将课本中的章节分配在一学期的 14 周里。这样一来，你就可以进一步划分重点，并把重点安排进每周的讲座里。最后，根据你所讲的重点，你就可以决定该给学生出什么样的试卷了。

这个方法听起来或许符合逻辑，但是却与"逆向整合设计"没有任何共通之处。你并没有以目标为出发点逆向倒推，而是完全没有考虑目标！你只是将一大堆课程内容按照课表分割成了很多小的部分而已。

现在，我们站在帕尔默的视角来看这个问题。他明白教授们设计课程的方法是错误的，而且也有一套解决方案（逆向整合设计）。如果他向大家宣传这套解决方案的优点，那么从实质上来说，他就成了逆向整合设计的推销员。然而，听众们会对带有推销目的的展示抱以怎样的心态呢？疑心重重。他们会挑毛病，会心生疑虑，而且在现实中也会问题丛生。

如果帕尔默想要说服教授们，就必须要让他们被现实“绊倒”。而想要达到这个效果，第一步并不是关注解决方案，而是关注问题。

在课程设计学校活动的第一天下午，帕尔默向大家介绍了一个叫作“梦想训练”的活动，活动的灵感来自 L. 迪伊 · 芬克的《创造深刻的学习经验》一书。

与会人数为 25~30 人，帕尔默向他们提出了一个问题：“想象一下，有这样一组理想的好学生。他们专心上课，守纪律，记忆力甚佳……现在，请为这个句子填空：3~5 年之后，我的学生们仍然记得______；或者说，他们仍然能够做______；抑或，他们仍然觉得_____ 是有价值的。”

教授们进行了大约 10 分钟的头脑风暴，然后互相分享自己的答案。在 2015 年 7 月的课程设计学校的活动上，一位动物行为学教授表示：“我希望学生们能够掌握科学的方法。在看到一只动物表现出有趣的行为时，他们能判断出该用哪种科学方法来研究这一行为。”

一位健康学教授表示：“我希望我的学生们能够与教员交流、合作。我希望他们能够轻松自如地审阅新的研究，也能在我们的‘杂志俱乐部’会议上畅所欲言。”

一位数学教授说："我希望学生们能觉得数学这门课程不但有用，而且很好玩……如果在网上看到一则数学故事的链接，我希望他们能点击进去阅读。"

帕尔默将大家的答案记在会议室前端的白板上。每个人的切入角度都很类似：很少有答案是涉及课程的具体内容的。比如，那位数学教授并没有说他希望学生们记住链式法则，而是希望他们对数学这门学科保持发自内心的兴趣。

现在，帕尔默已经做好了让大家被现实"绊倒"的准备。他提醒大家，刚才写下的，其实就是他们为学生设置的首要目标。接下来，他让大家把带到课程设计学校的课程大纲拿出来，并提出这样的问题：你们现在的课程大纲中，有多少内容能够让学生们越来越接近你为他们设置的梦想？

一阵尴尬的沉寂掠过会议室。回想起某个时刻，一位叫作乔治·克里斯特的生物医药工程教授不禁笑出声来："我看看教学大纲，回答说，'一点儿也没有'。"绝大多数的教授也得出了同样的答案。这个时刻，真如一记重锤。

环境科学教授德博拉·劳伦斯表示："我很快意识到，我的教学大纲毫无用处，完全没有涵盖我的教学目标。"

帕尔默的"梦想练习"设计得非常巧妙，通过这个时刻，他迫使教授们被现实"绊倒"在地。而这个现实，就摆在他们眼前。

经课程设计学校活动"改造前"和"改造后"的教学大纲差别之大，往往令人触目惊心（想要看一份改造前后的完整教学大纲的对比，请登录 http://www.heathbrothers.com/CDIsyllabi ）。一份原本只是草草概述了课程中的主题和副题的物理学教学大纲，瞬间转变成了一份让人热血沸腾的论述。开头几段的内容是这样的：

> 桥梁和建筑何以耸立，又为何会坍塌呢？我们该如何在地震区或暴风区搭建建筑物呢？使建筑物发生坍塌的力有哪些？力又是如何起作用的呢？
>
> 只要学会观察，物理学就可以对我们身边万事万物的运行给出解释！飞机的飞行可以被归结为气压与阻力的原理，一场碰撞可以转化为动量的问题，一道彩虹其实是一场美轮美奂的折射与散射秀，一场地震则能让我们看到地壳的剪切力和柔韧性，桥梁结构的核心是热力与扩张，而一间音乐厅则是回声和干扰之间的互动。
>
> 这门课程将会为你提供工具，帮你寻找包括这些问题在内的、与你的世界息息相关的问题的答案。成为一位物理学家，你眼中的世界便成了各种力量与原理之间的复杂互动。物理学中的基本原理，等待你来学习和掌握。

从 2008 年到 2015 年，295 位教师参加了课程设计学校的活动。在满分为 5 分的基准下，他们为活动打出了 4.76 的高分。无一例外，295 人中的每一个人都表示会将这个活动推荐给同事。

参加 2011 年活动的一位教师写道：“用 7 个字来形容，这次活动‘改变了我的人生’。这听起来或许有些夸张，但完全属实。刚刚参与活动的时候，我本以为自己对课程已经了如指掌了，但我很快就发现，我需要从头审视自己的教学设计。所得的结果，与之前简直有天壤之别。”

不要忘了，教授们在感情上是不会轻易表达出强烈的反应的。

正因课程设计学校活动提供的必要的动力和明确的方向，教授们才得以将自己的课程改革得焕然一新。

在人生中的某些阶段，只有被现实“绊倒”，我们才能找到自己的立足点。

第六章 突破认知

从冒险和失败中认识自己

只拥有短短一年烘焙经验的莉娅·查德威尔，就已经开始幻想创建自己的公司了。[1]

查德威尔白天在一家动物诊所工作——她曾经把自己的狗送到这里做过治疗。来了几次之后，当时还是诊所顾客的她突然发现：我想要在这里工作。她恳请诊所给她一份工作，4 个月之后，一个兽医技师的职位终于有了空缺。

9 年之后，她感觉自己在这个职位上的薪金和级别已经没有太多发展空间了，也担心这份工作可能只适合年轻人来做。“难道我到了 65 岁还要跟金毛犬比力气吗？”她心里实在没底。

查德威尔的每个周末都是在厨房里度过的，她会做瑞士曲奇饼、加入异国香料的酥饼，以及多种口味的奶油面包。朋友和家人开始向她提议：“你应该自己开一家蛋糕店！”（想要在日后拿到试吃赠品的人大多会给出这样的建议。)

2006年，查德威尔的丈夫萨姆在广播上听到一则故事，这则故事介绍了一家可以让人们“实验”自己的职业梦想的公司。这家公司的名字叫作“职业假期”，用户交完一笔费用之后，公司便会安排用户与一位正在做用户理想工作的人一起共处几天。可以体验的工作包括经营一家牧场、管理一家住宿加早餐的旅店、打点一家酒窖，以及开一家蛋糕店[①]——可算找到了！

查德威尔立刻抓住了这个机会，她飞到了俄勒冈的波特兰，与一家面包与巧克力店的店主一起工作了几天，就像是在租借导师一样。查德威尔很享受这次体验，回到家后，她下定决心要开一家自己的蛋糕店。

查德威尔利用晚上的时间上课打磨烘焙技术，并终于取得了当地烹饪课程颁发的证书。到2010年，一切准备就绪，“一磅黄油”蛋糕店终于开张了。她保留了动物诊所的工作，利用晚上和周末为生日和婚宴制作定制蛋糕，为附近的餐厅提供西点。后来，她计划创建一家真正的实体店。她说：“我幻想着蛋糕店的样子，我觉得，这应该是一份我能在今后的人生中一直做下去的职业。”

查德威尔在大学期间主修雕刻，因此，雕刻蛋糕是她的绝活。她能制作出无可挑剔的托马斯小火车和迪士尼公主蛋糕，这种蛋糕用于孩子们的生日派对非常合适。

然而，这份工作对她的吸引力开始逐渐减弱了。为自己的家人烘焙蛋糕虽然有趣，但为吹毛求疵的顾客烘焙却为她增添了很多压

① 职业假期公司后来更名为“轴星公司”，其业务重点也从电话访谈转移到了实地拜访。

力。白天，她需要治疗生病的动物，到晚上，她又得与神经紧绷的新娘打交道。她觉得自己就像被困在一个没有尽头的死循环之中。她说："我需要接更多的活儿才能支撑蛋糕店的运转，但是我没有时间做烘焙，因为我不能单靠烘焙支撑生活。"

一个周末，在临近交货时间的节骨眼上，她完成了婚礼奶油蛋糕的最后一道工序，并将蛋糕装进了车里。就在她准备开车离开的时候，她忽然发现没人看护的蛋糕店大门敞开，而自己差点儿就这么离开了。

这就是她的顿悟时刻：顶着这么大的压力，我都要把自己逼疯了。后来她还说，她意识到："我不再热爱烘焙了，烘焙就像一大坨黄油，沉甸甸地压在我的肩上。"

当时的她马上就要 42 岁了，她不想要两份职业，觉得一份就够了。于是一个念头闪过她的脑海："如果我的烘焙事业'成功'了，比如我成功贷款，有了一间门面店，那么一旦失败，我就永远也别想翻身了。我是无法填平经济上的坑的……我发现，我对于烘焙的激情已经不足以支撑这一切了。"

大约 18 个月后，"一磅黄油"蛋糕店关门闭户。查德威尔的经营蛋糕店之梦就这样结束了。

在此后的几年中，她连一个蛋糕也没有做过。

这并不是我们所期待的结局。我们希望自己喜欢的企业家斩获成功，希望看到大家美梦成真。

莉娅·查德威尔失败了吗？从某些角度来看，的确如此。但是事情并非这么简单。查德威尔并不后悔自己开了这家蛋糕店，对于闭店也不难过。从这些经验中，她获取了认知。她表示，她的一些性格特质决定了她不是一个能自己开店的人，对此，她已经学会了接受。“我没有条理，不切实际，变化无常……这种性格让我很适合做朋友中古灵精怪的开心果，但用在做生意上却适得其反。我在想，如果当时没有放弃，我也一定会失败。这一点真的很难说出口，但是，这个教训是我必须要吸取的。我很适合为别人工作，让别人依赖于我。但是说到为自己打工，我真是个糟糕的老板。”

心理学家将这种认知称为“自我认知”，[2]也就是对我们的特质和动机的一种成熟的理解。自我认知能够带来一系列积极的影响，比如良好的关系及对于目标的明确了解。自我认知及心理健康是并行的。

查德威尔的自我认知是由一个典型的“不满确立时刻”引发的——她差一点儿就敞着蛋糕店的店门开车离去的时刻。在那一刻，她所体验到的沮丧和焦虑的碎片拼凑成了一个明确的结论：我不适合做这一行，这不是我的强项。

让我们拿查德威尔的这个时刻与一位在读大学时决心去罗马学习的女士所体验的时刻做个比较。这位女士说：“我是一个来自小镇的姑娘，无论是乘坐公共交通工具，还是在一个语言不通的环境里工作，都让我感到茫然不知所措。记得我刚到罗马的时候，整个城市都让我发怵……”[3]

然而4周之后，她竟成功说服一位店员相信她是意大利本地人。（不幸的是，这个谎言后来因为她不知道意大利语的“头绳”怎么说而被揭穿了。）在体验了游学经历之后，她完全变了。她说：“回国之后，我已经变成了另外一个人。我比以前自信了许多，也更愿意在有计划的情况下尝试风险……无论到哪里旅游或是居住，我都不再感到害怕。”现在的她，正在伦敦生活。

让店员相信自己是“本地人”，这位女士的这一决定性时刻几乎与查德威尔的全然相反。她意识到：我能做到，我能成为自己想要变成的那种人。

两位女士的自我认知时刻都是由“突破自我”引发的。想要突破，我们就要将自己置于一个有可能因冒险而失败的境遇之中。

虽然看起来矛盾，但如果不突破自我，我们往往不会产生自我认知。研究表明，对自己的思想和感情进行反省或沉思，对真正了解自我没有什么帮助。[4]若是对自己的行为加以研究，效果则要好得多。

“我能不能成为一名优秀的蛋糕店店主？”“我能不能在意大利闯出一片天？”这些问题虽然重要，但你是不可能在自己的脑袋里找到答案的。更好的方法是冒险尝试，并从经验中提炼出答案，而不是空坐着发呆。行动往往能带给我们认知，而认知却不总能引发行动。[5]

认识自我，明白自己想要什么，理解自己的能力，是一个持续一生的过程。说实话，我们中的很多人都是在成长为有房、有工作、有家室的成年人之后很久，才真正对自己有所了解的。我们为什么会用特定的方式处理问题？我们的盲点在哪里？为什么会被某个朋友或恋人所吸引？

自我理解是一个缓慢的过程。想要加速理解自我，想要体验更多灵光一闪的时刻，一个重要的方法就是突破认知。

鼓励我们突破自我的，往往是别人

1984 年春天的一个晚上，迈克尔·迪宁正在圣迭戈的海军治疗中心为他的最后一次精神病医生实习轮岗值班。[6]他于 1982 年从医学院毕业后，接受了两年的住院医师培训，已经够资格成为一名有完整资质的精神病医生了。

精神病病房里的病人们全都患有人格分裂症、躁郁症或者抑郁症等严重疾病，绝大多数病人都被锁在病房里。其中的很多人都曾经试图自残或伤害别人。在巡查病房的时候，迪宁遇到了一位获得了在医院里自由走动权利的病人。这位病人被安排在第二天出院。

病人叫住迪宁，问道："我有点儿事想要问你。"

迪宁回答说："我现在有些事情要处理，能不能过 15 分钟再回来找你？"病人点点头，于是迪宁继续查房。

10分钟之后，整个医院的内部通话系统都发出了"蓝色信号"，这意味着有病人需要抢救。一般来说，这种信号都会指示工作人员集中到医院里的某一层楼或是某个房间里。但这一次，播出的通知却是让大家都到医院外的庭院去。迪宁匆忙跑到门外。

趴在地上的是那位刚刚与他说过话的病人。他从三楼的阳台上跳到了下面的混凝土人行道上。迪宁和其他医护人员跑到病人身边，试着实施抢救，而病人却没有任何反应。他们立刻将病人送到了急救室，但是，病人很快就离世了。

迪宁缓缓走回位于精神病病区的办公室。他追悔莫及，又羞又恼，心想：我是个彻头彻尾的失败者，我本应察觉到的，他需要我。

他打电话向实习生培训主任理查德·赖德诺尔汇报了情况，然后又花了一些时间安慰精神病病房的医护人员。他感觉精疲力竭，无法支撑着完成值班，于是，身心俱疲的他准备回家。

与此同时，赖德诺尔赶到了医院。他让迪宁把故事从头到尾再讲一遍。迪宁说："汇报完毕之后，我心想，这一定是在为纪律处分做备案。”病人自杀本身就很少见，在医院这样的避风港中自杀更是难遇。迪宁觉得，他从此以后可能再也不会有行医资格了。

没有料到，赖德诺尔却说：“好了，继续回去工作吧。”

他将迪宁带到手术室，换上工作服和白大褂。然后，他们便回到了精神病病房。

那天晚上，赖德诺尔导师一直陪在迪宁的身边。

回想起这件事，赖德诺尔表示：“我不想让迈克尔觉得自己做错了事。我想让他觉得他没犯什么错误，工作还是要继续的。这有点儿像战争中的死伤事件，的确会有病人在验伤台上死去，但病房里还有其他病人在等着医生呢。说不定，你能拯救他们的生命。”

迪宁说：“我已经不大记得那天晚上之后的事情了，但是我知道，如果当时我回了家，就可能会放弃精神病医生这个职业。”

即便在 30 多年后的今天，迈克尔·迪宁仍然将那天晚上视为人生中的一个决定性时刻。这是他第一次失去病人。但是，在那个夜晚，他对自己产生的认识也同样让他刻骨铭心，那就是：我能挺过来。

在迪宁的人生中，这是一个消极的峰值（低谷）事件。作为“峰终定律”的一位早期开拓性研究者，芭芭拉·弗雷德里克森认为，我们之所以对峰值事件的记忆尤为深刻，是因为这些事件就像一种心理价签。从本质上来说，这些事件告诉我们：如果再重新经历一次这件事，你会付出这样的代价。像莉娅·查德威尔一样，一些人会认为代价太高，因此选择避免再次经历某事。而像迪宁一样的另一些人，则意识到自己能够挺过来，而且潜在的正面影响要大于负面影响。

请大家注意查德威尔和迪宁的故事之间巨大的差别。如果没有赖德诺尔的鼓励和支持，迪宁永远也不会认识到自己的抗压能力有多强。他说："赖德诺尔相信我能重新回到工作中去。在连我也不相信自己的时候，他却知道我能够挺过那一晚。"赖德诺尔在那个深夜的明智之举，将一个本会让人一蹶不振的时刻转变成了一个让人成长并坚强起来的时刻。

鼓励我们突破自我的，往往是别人。之所以请私人教练，是因为你知道教练会推动你走出自己的舒适区。我们在导师身上所重视的也是这种特质：他们能把我们最好的一面引导出来。你绝不会听到有人这样说："没错，马丁教练是我遇到的最好的教练。他一点儿经验也没有，任由我们随心所欲地做任何事。他真是个好人。"

导师关注的是进步：你还能不能再努力一下？你能不能再多承担一点儿责任？他们会为你施加能够产生积极效果的压力。

为了探索这个观念，我们给一部分读者布置了一项任务：鼓励你的一位学生突破自我。一位名叫吉姆·霍尼格的神父说，他为自己的见习神父布置了这样一个挑战："复活节前一晚的守夜礼是我们今年的一项重大活动。一般来说，我不会指派见习神父在守夜礼上布道，而是会自己来做。今年，我告诉一位见习神父，在守夜礼上布道的任务落在了他的肩上。我告诉他，这是一次重要的活动，他需要把最好的一面展示出来，我相信他能够做好。"[7]

霍尼格神父坦言说，把这么重要的活动委派给别人，他的确有些犹豫。但是，这位见习神父却出色地完成了任务。霍尼格说：他在布道时的表现是最好的一次。

在这个事例中的"决定性时刻"有哪些呢？一共有两个。第一个决定性时刻便是见习神父在复活节守夜礼上发表布道的时刻。这是一个欣喜时刻（紧张感增加）、一个荣耀时刻，也是一个认知时刻（认识到我能做到）。这个时刻，是在霍尼格神父的助推下诞生的。但是，霍尼格神父自己也突破了自我！他将自己置于一种不确定的境地之中，在把如此重要的任务交给一位见习神父的同时，他自己也面临着失败的危险。通过冒险，他自己也产生了新的认知。“其他神职人员都知道，我对于‘圣周’和复活节期间的活动要求非常严格，因此，当我把这周的一部分布道工作交予他人的时候，他们感到非常吃惊，但每个人还是积极地完成了任务。这也让我有时间暂停下来，反思我该如何在今后更多地沿用这种做法。这是一件我一直都在实践的事，而成果也已经显现出来了。”

助推认知：“高标准 + 信心”和“方向 + 支持”

导师鼓励推动，徒弟突破自我。作为一个学生、一位雇员或是一位亲戚的导师，你可能会考虑如何才能最有效地为他们助推和鼓劲。迈出第一步时，不妨参考心理学家戴维·斯科特·耶格尔在和 8 位同事共著的一篇论文中提到的由两种元素构成的配方——高标准 + 信心。

耶格尔讲述了一项在一所市郊的初中开展的实验，实验中，44 名七年级的学生需按要求围绕他们心目中的一位英雄写一篇论文。之后，学生们的教师会给论文打分，并附上评语。

在此之后，研究者们从教师那里拿到论文，并将论文随机分成两组。在第一组的每一篇论文结尾，研究者用教师的笔迹添加了一句一模一样的话：“我写这些评语，只是为了在你的论文后面加个反馈信息。”在第二组论文后，研究者们加上了他们所谓的“巧妙的批评”，评语是这样写的：“之所以写这些评语，是因为我对

你有很高的期望，同时我也知道你能实现我的期望。”（高标准 + 信心）[8]

论文发回学生手中之后，学生们可以选择是否愿意修改论文并重新递交，这样做有可能让他们得到更高的分数。在得到一模一样评语的学生中，大约有 40% 的人选择对论文进行修改；但在收到“巧妙的批评”的学生中，却有 80% 的人修改了自己的论文，除此之外，他们所做的改动要比其他学生多了至少一倍。

第二种评语之所以有效，是因为这种评语颠覆了学生们看待批评的方式。拿回论文的时候，面对满篇的纠错和意见，学生们的自然反应或许是起戒心，甚至犯猜忌：教师一直看我不顺眼。然而，巧妙的批评却传递了一种不同的信息，仿佛是在说：我坚信，只要肯下功夫，你就能有伟大的成就。对论文的评语并不是针对学生挑毛病，而是在鼓励他们实现自我突破。

在企业中，导师的影响力或许更为明显。“高标准 + 信心”这种配方虽然有效，但从本质上来说，这只是在表达一种预期。而伟大的导师，则会再加入两种元素：方向 + 支持。我对你有很高的期望值，我也知道你能达到这些目标，因此让我们来尝试一个新的挑战，如果失败了，我会帮助你重整旗鼓。若是将导师的思想精髓总结为两句话，内容就是如此。听起来虽然简单，却具有扭转职业生涯的威力。

2015 年，戴尔·菲尔普斯是康明斯东北公司的质量、服务及服务运营总监，这家公司负责康明斯产品的批发工作。为大家科普一下：假如你签订了一份为波士顿制造一批城市巴士的合同，并决定使用康明斯制造的柴油引擎，那么，康明斯东北公司就会处理你的订单，把引擎寄送给你，如果引擎出了问题，他们还会提供售后服务。菲尔普斯的工作，就是寻找提升公司服务质量和效率的方法。

在工作中，菲尔普斯非常重视使用“六西格玛”管理方法。如果你是橡皮球这种产品的制造商，那么你很自然地就会希望产品不要出现缺陷。使用“六西格玛”方法，在每100万次的尝试中，只会出现3.4次失误，也就是说，每制造100万个橡皮球，其中只有三四个会是残次品。想要达到这样的高质量，你就必须要对生产过程进行一丝不苟的监控，搜集数据来准确地找出问题，减少可变因素。这些专注于流程优化的人，便是“六西格玛”方法的实践者，他们的“魔咒”也能够施用在产品制造之外的领域，比如减少手术失误，或是像菲尔普斯一样提升修理引擎的速度。最优秀的实践者会努力争取“六西格玛”黑带认证，这种认证与空手道没有任何关系，只是一种为了让“六西格玛”法听起来稍显性感所做的努力，虽值得鼓励，但终究仍是徒劳。

重新回到我们的故事：为了推动在纽约奥尔巴尼的工作，菲尔普斯需要一位已取得“六西格玛”黑带认证的人选。[9]于是，他雇请了兰加妮·斯克利尼瓦森。在印度长大的斯克利尼瓦森来到美国只有3年，她是来读完自己的机械工程硕士学位的。

斯克利尼瓦森的任务就是利用“六西格玛”的方法帮助同事们提高效率，比如，他们可以重新布置维修车间，把较为常用的工具放在够得着的地方。但是，她做起这份工作来很困难。菲利普斯说：“她容易害羞，有点儿内向。”他担心斯克利尼瓦森不够果断、坚决，公司里经验丰富的技师们是不会把她当回事儿的。

斯克利尼瓦森却不这么认为。她并不内向，实际上，她的朋友们谑称她为“雷神”，因为她一进屋就总能引起大家的注意。她只是不知该如何入手罢了。对“六西格玛”方法了解颇深的她，对柴油引擎却几乎一无所知。在会议中，她觉得同事们就好像在“说希腊语和拉丁语”。她将同事们所用的术语统统记下，会后再请教别人这些术语的意思。

第一次参与关于“六西格玛”项目的团队会议时，她一言不发地坐在一旁。会后，忧心忡忡的她找到菲利普斯，说：“我心里很难受。大家都把我当成一个什么都不懂的新手看待。”

大家对斯克利尼瓦森的表现提出了不满。菲尔普斯知道，她是这个职位的合适人选，但她现在的处境的确堪忧。因此，菲尔普斯推了她一把——他鼓励她到工作现场亲身体验一下，花些时间熟悉业务。如果不会讲行话，她就很难得到人们的尊重。

斯克利尼瓦森表示：“当时的我的确有点儿发怵。”她所擅长的领域是数据统计和做电子表格，而深入工作现场就意味着离开她的安全区。她害怕在同事面前暴露自己在专业知识上的匮乏。另外，她既年轻（24 岁），又是女性，还是印度人，这三点，在公司里都是很罕见的特质。

第一次实地考察的目的地，是康涅狄格州洛基希尔的一家分公司。这家分公司的经理是公司里为数不多的一位身居高层的女性，她带领斯克利尼瓦森四处转了转，并为她提供了业务上的指导。斯克利尼瓦森在这里待了一个星期，活力满满地回到了奥尔巴尼。

她说：“那次考察简直扭转了乾坤，所有的操作术语都开始渐渐明朗起来。夏琳（洛基希尔分公司的经理）告诉我，看到我这么年轻就肩负这么多重任，她很为我骄傲。”

菲尔普斯又安排了其他的实地考察，在分享“六西格玛”理念时，斯克利尼瓦森变得越发自信了。菲尔普斯开始从同事那儿听到满意的回馈：一些曾经对斯克利尼瓦森的表现提出不满的人，现在竟然将她排在公司表现最佳的员工之中。

斯克利尼瓦森说："我认识到，我的能力要比自己想象的更强。以前的我并不觉得自己能成为实操方面的人才。我以为自己是个适合做数据统计的人……我不像戴尔相信我那样相信自己。"

菲尔普斯说，斯克利尼瓦森在入职初期遇到的问题是他的失误。"我努力把她与很多事情隔离开来，回头看来，这种做法不但没有什么效果，而且对她来说也不公平。如果你总是穿着救生衣，那么就永远也不能知道自己到底会不会游泳了。当有人站在旁边给予支持和援助的时候，我们必须要脱掉救生衣，并敢于说：'让我们来看看会发生些什么事情吧。'"

这个故事很好地彰显了我们所探讨的导师精神的构成元素：

高标准 + 信心（菲尔普斯说："我特意告诉她，我对她能够达到的成就抱着很高的期望。"）+ 方向 + 支持（菲尔普斯提议斯克利尼瓦森进行实地考察，以此来填补她认为自己在经验上的"坑洞"，也向她保证安排一位女性领导者，带领她进行第一次实地考察。）= 自我认知的加深（斯克利尼瓦森说："我认识到，我的能力要比自己想象的更强。以前的我并不觉得自己能成为实操方面的人才。"）

让失败成为轻松的谈资

一位导师的助推能够引导我们突破自我，从而创造出自我认知的时刻。在这种导师理念中，助推这个动作或许会让人感觉有违常理，因为面对关爱对象，我们的直觉应该是去保护他们不经受风险，也就是说，我们想要让他们免受外界的影响。

不用说，这也是抚养儿女的一大难题：你是应该给孩子们提供犯错误的自由呢，还是应该将他们保护起来呢？绝大多数的家长都在过度保护和疏忽大意的界线两边不安地左右摇摆。

你该如何鼓励孩子们突破自我，但又不做得过头呢？让我们来看一看萨拉·布莱克利这位以不断突破作为人生目标的女士的故事。[10] 布莱克利是塑身衣品牌 Spanx 的创始人，这家公司的第一款产品很像一款舒适的束腰带，甫一问世就大获成功。品牌创始的故事已经成了一个传奇：1998 年的一天，布莱克利正在为一个宴会设计着装，她决定穿新买的白色紧身裤去赴会。但是，在她面前却摆着一个问题。她想要在紧身裤里面穿一条显瘦的裤袜，但又想要光脚穿凉鞋。那么，她该不该穿裤袜呢？

灵感一闪而过：布莱克利剪掉了裤袜的足部，就这样参加了宴会。然而，她的发明有点儿问题——裤袜剪开的底部一直顺着她的腿往上卷，虽然如此，她还是对自己说：这是属于我的机会——我要打造出更棒的版本，一定会大受女性顾客的欢迎。

两年后的 2000 年，布莱克利与美国尼曼百货签订了 Spanx 的第一份客户合同。12 年后，《福布斯》杂志将布莱克利列为历史上最年轻的白手起家的女性亿万富翁。

在《导师之书》一书中，布莱克利写道："我简直数不清有多少女性找到我，并告诉我，'好几年来，我一直都会把裤袜的足部剪掉。为什么塑形内衣女王不是我呢？'原因在于，一个好想法只是一个起点罢了。"

让布莱克利在那些有着同样想法的女性中脱颖而出的，就是她的坚持。在 Spanx 创立之初，经常会有人告诉她，她的想法很蠢或是欠考虑。在一次与律师事务所的会议上，她发现其中一位律师一直在满腹狐疑地四处张望。会议之后，这位律师向她坦白说："萨拉，刚见到你的时候，我觉得你的想法实在是太糟糕了，当时我还以为你是《偷拍》节目派来的呢。"

许多男性都无法理解布莱克利想法的妙处，但是很不巧，想要将产品生产出来，她需要说服的绝大多数人都是男性。（她曾试着在佐治亚州寻找女性专利律师，却连一位也没能找到。）纺织厂的老板们个个都是男性，他们一次又一次地否认了她的创意。一位纺织厂老板把这个创意告诉了自己的女儿们，她们坚决要求他给布莱克利回电，直到这时，布莱克利才生产出了第一款产品的原型。

那么，支撑布莱克利经受住层层失败的严峻考验的东西，到底是什么呢？她的前一份工作是销售传真机。刚开始工作的时候，她并没有拿到有意购买传真机的人的名单。她的主管将一块四位数邮编对应的区域分配给了她，然后交给她一本电话簿，让她自己找客户。

布莱克利写道："早上一起来，我就开着车到处上门进行'冷推销'。绝大多数人都当着我的面关上了门，每周都至少会有一个人当着我的面把我的名片撕掉，我甚至还被警察强行赶出去过几次。很快，我就对'不'这个词产生了免疫，甚至还觉得自己的处境挺好笑的。"

这是一个强大而有力的认知时刻。布莱克利意识到：我不再惧怕失败了，失败对于我来说，已经不是什么阻碍了。

在穿着白裤子参加派对、顿悟出 Spanx 的创意之前，布莱克利已经卖了 7 年的传真机了。她在创立 Spanx 品牌时的百折不挠，来自对于长达 7 年的一连串失败的忍耐。（在此要说明一下，作为一位传真机销售员，她已经很成功了。）

那么，布莱克利超人的坚毅源自什么？很显然，这股坚毅是她在销售经验中逐渐培养起来的。但是，她的成长背景中也有一个值得注意的地方。在布莱克利和弟弟小的时候，父亲每周都会在晚餐桌上问他们一个问题：“你们这周都经历了哪些失败？”

布莱克利说：“如果我们没什么可汇报的，他便会怅然若失。这背后的逻辑虽然让人感觉难以理解，但效果却好得出乎意料。父亲知道，很多人都被对于失败的恐惧缚住了手脚，他们担心人们会因他们表现不佳而对自己品头论足，因此便不敢承担风险。我的父亲却希望我们多做尝试，挑战自己的极限。他的这种心态让我认识到，失败不是没有得到想要的结果，而是不去尝试我想做的事情。”

“你们这周都经历了哪些失败？”父亲的这个问题，其实就是鼓励儿女突破自我的一种助推。这个问题将失败作为兵家常事，作为晚餐桌上的轻松谈资。当你主动投身于可能失败的境遇中时，失败也就不会显得那么可怖了。不经意间，你已经对失败产生了免疫。

在晚餐桌上提出的这个问题的意义对于女儿的深刻影响，是布莱克利先生无论如何也没有想到的。

这是一个大家都希望看到的故事的结尾：一位招人喜爱的企业家，受父亲的影响，在全世界收获了累累硕果。有的企业家大获全胜，有的则折戟沉沙。但他们之间的相同点，在于他们愿意将自己置身于可能失败的境遇之中。原地不动永远要更加安全——两脚抓地，你就不会摔倒。

这是所有在自助书籍区域徜徉过的读者都非常熟悉的建议。走出去吧！尝试做些不同的事情！打开新的篇章！去冒险吧！总体来说，这个建议听起来很靠谱，对于那些觉得伸不开手脚的人而言更是如此。但是我们在这里要给大家提个醒：这种建议往往是在暗示你，成功已经是你的囊中之物了。冒个险吧，你一定会成功的！冒个险吧，你会更喜欢“崭新的自己”！

这个承诺并不完全正确。冒险毕竟存在风险。莉娅·查德威尔冒险开了一家面包店，却把自己弄得焦头烂额。如果每次冒险都有回报，那就不能被称为冒险了。

突破自我必定能带给你的不是成功，而是学习和成长。这必定是一种自我认知，必定能让你得到一些生命中最重要也最让人烦恼的问题的答案：我们想要的是什么？我们能做些什么？我们能成为什么样的人？我们又能承受什么样的代价？

一位精神病实习医生认识到，自己具备承受创伤的勇气。一位“小镇姑娘”认识到，自己能在异国他乡闯出一片天地。即便是失败的人也从学习中受益匪浅：查德威尔就对自己在生活中真正重视的东西有了更深刻的认识。

通过自我突破，我们可以打造更多自我认知的时刻，而这些时刻，便是心理健康和身体健康的源泉。

不突破自我，我们就永远别想知道自己的极限在哪里。

认知时刻
要点小结

1. 认知时刻能让我们收获认知，实现转变。
2. 认知时刻不一定是因缘偶发的。想要为他人打造认知时刻，我们可以引导他们“被现实绊倒”，也就是启发他们收获震撼人心的感悟。

- 卡莫尔·卡尔的 CLTS 法让社群居民被随地大小便的实际危害“绊了一跤”。

3. 被现实“绊倒”需要（1）明确的认知，（2）用时简短，（3）由观众自己去发现。

- 通过“梦想练习”，教授们发现他们没有把课堂时间用在最重要的目标上。

4. 想要打造自我认知的时刻，就需要突破自我，也就是把自己暴露于风险之下、置身于新环境中。

- 莉娅·查德威尔冒险开了一家蛋糕店，却被折腾得手忙脚乱。她选择了关店，并在这一过程中对自己的能力和价值观有了更深的认识。

5. 导师能帮助我们实现超越想象的自我突破，在此过程中，他们还能够为我们点亮一个个决定性时刻。

- 精神病实习医生迈克尔·迪宁的导师鼓励他坚持将夜班的工

作做完："在我自己都失去了信心的时候，他却相信我能够挺过那一夜。"

6. 能够引导人们产生自我认知的导师配方是：高标准 + 信心 + 方向 + 支持。

- 精通"六西格玛"管理法的兰加妮·斯克利尼瓦森的导师鼓励她提升操作方面的技能，她说："我认识到，我的能力要比自己想象的更强。"

7. 如果想要让我们的学生突破自我，我们就需要克服保护自己关爱的人不受风险、与危险隔离开来的直觉。

- Spanx 的创始人萨拉·布莱克利的父亲会问孩子们："你们这周都经历了哪些失败？"他想让自我突破在孩子的眼中变得更加容易（不那么可怕）。

8. 自我突破带来的不是成功，而是成长。

3号诊所

为一家中餐馆升级

背景信息

安吉拉·杨是北卡罗来纳州罗利“熊猫花园”的店主，这是一家传统的美式中餐馆，主打菜品有左宗棠鸡和馄饨汤，还提供十二生肖造型的餐巾纸。在这个 Yelp 等点评应用程序风靡的时代，安吉拉觉得她也可以通过这些点评程序为饭店打响名声。她已做好了大幅改革的准备（安吉拉和“熊猫花园”都是虚构的）。[11]

理想效果

安吉拉对饭店的菜品很自信，但也同意许多点评客户提出的就餐体验乏善可陈的意见。她该怎么样才能大幅提升顾客在“熊猫花园”就餐的乐趣，为顾客留下深刻的印象呢？

如何打造决定性时刻？

这是一个怎样的时刻？“熊猫花园”是无论如何也达不到米其林星级的水准的。但是，不要忘了魔术城堡酒店和“冰棒热线”的故事：美好的大部分平淡无奇，但偶尔会让人拍手叫绝。安吉拉不需要将就餐体验全盘颠覆，只需要用心打造几个魔力时刻就可以了。

让欣喜升级

提升感官享受，打破脚本。高级餐厅常常会为每位顾客提供一道免费的开胃小菜，那么“熊猫花园”能不能为顾客免费送上一道招牌开胃菜呢？（迷你猪肉饺子怎么样？）抑或，如果顾客们能像头等舱的乘客一样，在就餐前拿到一条散发着茉莉清香的热腾腾的毛巾，这可行吗？

让认知升级

突破自我。餐厅可以推出一道让顾客挑战自己的“辣味忍耐度”的菜肴，比如一道由 5 小碟辣味层层升级的同一款小菜组成的拼盘。顾客可以通过“中餐试辣”活动来检验自己的勇气。（请注意，这个时刻也可以算作“层层升级”带来的荣耀时刻，详见第八章。）

让荣耀升级

复制里程碑事件。作为世界上最负盛名的餐厅之一的纽约麦迪逊公园 11 号餐厅，曾经让食客们在品尝多种巧克力后试着辨别巧克力是用哪种动物的奶制成的（牛奶、山羊奶、绵阳奶，或是水牛奶）。“熊猫花园”能不能也借鉴这个创意，提供来自中国各地的，或是使用 4 种不同的常见香料制成的菜肴小样，然后挑战食客们对菜肴的分辨力呢？四题全中的食客能够拿到一份招人喜爱的大熊猫贴纸。

让连接升级

（1）服务员可以向一桌喝酒的客人介绍中国的几条酒桌礼仪。比如，如果与别人碰了杯，你就必须把杯子里剩下的酒饮尽。在与一位长者或上级碰杯的时候，为表尊重，你的酒杯杯沿要低于对方的酒杯杯沿。

（2）加深感情。“熊猫花园”能不能试着把“幸运饼干”[1]重新包装为“友谊饼干”，往里面塞进引发话题的问题，鼓励席间的大家畅谈起来呢？打开饼干，纸条上或许会写着：“上次一个人唱歌是什么时候的事？上次对别人一展歌喉又是什么时候的事？”

最后的总结

在以上这些方法之中，只有少数几种能让顾客的体验得到大幅提升。其中的很多想法，都是商学院一个班里的同学们提出来的。毋庸置疑，真正的饭店会有更加高明的想法。我们想在这次的诊所板块让大家看到的是，只需多加留意本书中的方法，那么打造难忘的时刻便可谓易如反掌。

① 在一些西方国家，中餐馆在客人用餐完毕后，会赠送幸运饼干（fortune cookies），这是一种由面粉、糖、香草和奶油做成的小脆饼，里面包着写着类似箴言或预言的小纸条。——编者注

第一部分 欣喜时刻

第二部分 认知时刻

第三部分 荣耀时刻

第四部分 连接时刻

欣喜时刻让我们超越平淡，认知时刻启发我们认识世界和自我，而荣耀时刻则记录了我们最光彩的时刻：展现勇气、获得认可、战胜挑战。

如何才能打造荣耀时刻呢？方法很简单：努力工作，投入精力，结果你会变得更有才华，也更有成就，而这些成就反过来又会点燃你的荣耀感。就是这么简单。

“挽起袖子埋头干”，这条建议的确很有实际意义。但是如果从“时刻”的角度出发来思考，你就会发现这句话忽略了几个重点。首先，无论我们有多能干，激发出荣耀时刻的，却往往是有人注意到我们的才能之时。回想一下你在工作中遇到的荣耀时刻，我们敢打赌，其中的许多时刻都与认可相关：你升职了，赢得了荣耀，或是得到了赞赏。在第七章里，我们会看到通过表达认可为他人打造决定性时刻是多么简单而有效。另外，我们还会介绍一个只需花一小时，却能让之后一个月的心情都更加愉悦的体验。

还有一点：追寻同一目标、付出同样努力的两个人，由于工作结构的不同，可能会体验不同程度的荣耀感。你将会学到，通过使用电子游戏的设计原理，我们可以在通向目的地的途中加倍设置决定性时刻，由此来“设计荣耀”（第八章“多设里程碑”）。我们还会认识到为什么会有这么多美国人永远也实现不了目标，比如“学会西班牙语”。

最后，我们还会一起探索人们最能感到荣耀的一些时刻，比如表现勇气的时刻，勇敢支持自己信仰的时刻。这些时刻并不是辛勤劳作带来的副产品，有的时候，展现勇气的机遇会毫无征兆地出现在我们眼前，我们可能会为当时的无动于衷而追悔莫及。我们将会看到，就像身体和智力能够通过锻炼来打磨一样，勇气也是可以训练的（第 9 章“锻炼勇气”）。我们会认识到士兵们是如何习惯拆除炸弹的，也会看到蜘蛛恐惧症患者是如何逐渐接受蜘蛛的。

简言之，努力工作自然必不可缺，但这并不一定能让我们经历决定性时刻。在这一部分的内容中，我们将会学到 3 条让我们的生活充满荣耀感的策略。那么，请阅读下面的内容，让自己穿越回中学这个诞生了无数（负面）决定性时刻的时代吧。

第七章 认可他人

赞美的力量：从“丑小鸭”到“白天鹅”

在基拉·斯卢普的记忆中，1983 年是她人生中最糟糕的一年。[1] 那年，她马上就要升入六年级了。她说：“我是一个满口乱牙、有着一头凌乱卷发、自尊心低到极点的 11 岁的扭捏孩子，请想象一下我当时是怎样一副样子吧。”在开学前的那个暑假，她的父母离婚了。

声乐课是唯一一堂让她期待的课。斯卢普有一副浑厚的嗓子，用她的话来说，她唱起歌来“很有派头”。亲戚们对她说，她应该当一名乡村歌手。

新学期一开始发生的一件事，至今仍烙印在她的记忆之中。同学们按不同声部被分成几组：女中音，女高音，男高音，男中音。声乐教师是一个“顶着蜂窝般发型、仿佛永远眉头紧锁的女士”，她用教鞭在乐谱架上打着节拍，带领合唱队唱起一支熟悉的歌谣。

斯卢普回忆说："教师开始向我走了过来，一边听，一边靠近我。她突然让大家停止唱歌，直接对我说道，'就是你。你的声音听上去……跟别人不一样……完全融不进别的女生的声音里。你就别发声了，只对口形吧'。"

这句评价给了斯卢普沉重的打击："班上的其他人都在偷笑，我真的希望地板上能裂开一条缝，让我钻进去。"这一学年余下的时间里，一跟合唱队唱歌，她就得对口形。

她说："声乐课本来是我最喜欢的课。我的家人说我唱歌很好，但是教师却把我否认了。因此，我开始怀疑一切。"她开始出现叛逆的表现，与学校里的坏孩子为伍，这是一段极其黑暗的时期。

后来，在七年级之后的那个夏天，她在北卡罗来纳州参加了一个为有天赋的孩子们举办的叫作"库诺维体验"的夏令营。连她自己都没有料到，她竟然报名参加了合唱队。在练习的时候，她依然只是张口对口形，但教师却看在眼里，并让她在课后留下来。

这位教师长得矮小而单薄，长发及腰，斯卢普说她是一位"可爱的嬉皮士"。教师让斯卢普挨着她坐在钢琴凳上，两个人开始在空房间中一展歌喉。

一开始的时候，斯卢普还有些迟疑，但最终她还是放下了防卫。她说："我们唱了一个又一个音阶、一首又一首歌曲，时而合唱，时而即兴演唱，直到唱得嗓子沙哑。"

然后，教师用双手捧起斯卢普的脸，看着她的眼睛说："你有一副独一无二、富有表现力的漂亮嗓子。你说不定是鲍勃·迪伦和琼·贝兹[①]的私生女呢。"

---

① 鲍勃·迪伦和琼·贝兹都是优秀歌手，且两人曾经是情侣。——编者注

离开教室的时候，斯卢普感觉心中一块巨石落地。她说："我简直飘飘然了。"然后，她马上到图书馆去查琼·贝兹是谁。

斯卢普说，"在那个神奇的夏天剩下的日子里"，她经历了一次蜕变，"我蜕去蚕茧，成长为一只寻找光明的蝴蝶"。(在与教师经历了这次个人生活上的决定性时刻之后，她很快就与一位夏令营伙伴经历了一个恋爱中的决定性时刻——详见脚注[①]。)升入高中后，斯卢普加入了戏剧社，几乎每场音乐剧都是由她担任主角。在跟随合唱团在卡内基音乐厅献唱这一最为荣耀的时刻到来之前，她已经逐渐习惯了在观众面前展露才艺。

卡内基音乐厅！这可是那个曾经被告知需要"对口形"的女孩呀！

斯卢普的故事既打动人心，又给人启发，最出人意料的是，这种故事在我们身边俯拾即是。社会学家迦德·亚伊尔对 1 100 人进行了调查，询问在受教育的过程中，对他们而言最有意义的体验是什么，他发现，许多人讲述的故事都相似得惊人。以下就是亚伊尔引用的一则典型故事。

---

① 在夏令营期间，营友们到田纳西州的盖特林堡郊游，他们游览的一个景点设有一座"录音亭"，人们可以在这里录一首名曲，然后把录好的磁带带回家。斯卢普和两位朋友出于好玩，录制了披头士的《我想握住你的手》，在坐大巴回营地的路上，他们说服了司机播放他们录制的磁带。一个男生爱上了这首歌，他记得，这是他第一次注意到基拉。这个男孩名叫罗斯·斯卢普。在经历了 5 个夏令营、9 个春秋，以及一次难忘的巧合之后，他向基拉求婚了。要问那次难忘的巧合是什么？从大学毕业之后，基拉在一家提供家用录影带租借服务的商店工作。一天，一位名叫艾德·斯洛科姆的顾客来还录影带。基拉登录店内的顾客信息库，将这盘带子的状态改为"已归还"，却无意间注意到斯洛科姆下一行的名字竟是她的夏令营老友罗斯·斯卢普。她记下了斯卢普的电话。事后，她给斯卢普打了电话。按照他们俩的话来说，后来发生的事，大家都心知肚明了。

> 我那时12岁，所有教师都觉得我是个“没有能力的”学生；学校让我感觉冷冰冰的，我没有归属感。我的教师休产假期间，新来的教师宣布，她对大家之前的成绩一概不论，一切重新开始。她给大家布置了家庭作业，我为了取得好成绩而尽了最大的努力。
>
> 第二天，我在班里朗读了自己的作业……新教师在全班同学面前对我提出了表扬。那个一度被认为是“没有能力”的学生、班级里的“丑小鸭”的我，突然变成了“一只美丽的天鹅”。这位教师给了我信心，她从未在意我之前的坏成绩，而是为我今后的成功翻开了新的篇章。

这些故事与斯卢普的故事之间的相同之处显而易见。先出现的，是一个充斥着排挤和否认的黑暗时期。后来，一位带来了支持和赞美的新教师出现了，从而引发了“丑小鸭”到“白天鹅”的转变。

类似的故事，亚伊尔听了一遍又一遍，他将自己的研究报告命名为《灰姑娘与丑小鸭：学生受教育过程中的积极转折点》。[2]

我们之所以指出这些故事之间的相似之处，并不是在贬低这些故事的特殊性。相反，这些相似之处恰恰体现了一个重要的道理：区区几分钟，就能改变人的一生。这样的时刻并不是凭空出现的，而是由细心的教师制造出来的。

但是，因为教师太累、太烦，或是不知该如何将自己对学生的关心和担忧融入一场有意义的谈话之中，而没能发生的决定性时刻，不知又有多少呢？如果每位教师都能得到一份指南，去面对像斯卢普一样受过伤而把糟糕情绪埋在心里的学生，又会怎么样呢？

这样的指南可以成为新教师培训手册的一部分：想要用宝贵的几分钟对一个孩子的一生产生深远的影响，我们推荐大家这样做。

在为他人打造荣耀时刻的所有方法中，最简单的一种要数认可他人了。在这一部分内容中，我们将会看到认可他人为何如此重要，如何才能将这个时刻的效果最优化，以及为什么接受者所感受到的美好也可以反射到给予者的身上。

真诚的赞美给予员工自豪感

罗斯福大学的卡罗琳·韦利回顾了 1946 年、1980 年、1986 年及 1992 年进行的 4 项类似的员工积极性调查。[3] 每项调查都要求员工对调动自己积极性的因素进行评分。大家选择最多的选项包括“工作的趣味性”，“工作提供的保障”，“丰厚的工资”，以及“自己是项目的一部分的归属感”。在这 4 次时隔 46 年的调查中，只有一个选项在每项调查中都位居前二，那就是：“在完成工作时得到充分的认可。”

对员工表达认可的重要性是毋庸置疑的，但是问题在于：虽然表达认可是人们普遍的期许，但还不是普遍的行事风格。

韦利对这些研究做出了这样的总结：“超过 80% 的主管都表示他们经常会对下属表示认可，但表示经常受到上级表扬的员工却不到 20%。”这真可谓“认可上的代沟”。

这个断层会造成相应的后果：一项研究发现，人们离职的首要原因就是得不到足够的赞美和认可。[4] 企业的领导者们注意到了这种不足，他们采取的应对方式通常是打造可以表达认可的活动，比如“月度最佳员工”或是对“明星”员工进行表彰的年度宴会。但是，这些活动不足以解决问题，原因有二。

第一，活动的频率大有问题。说到对员工表达认可，我们的目标可不是每个月只选出一位员工！表达认可的适当频率应该是每周，甚至每天，而不是每月或每年。

第二，这些活动死板的形式有可能引来大家的争议与不满。比如，人类历史上的每一次“月度最佳员工”评选活动都遭遇过同样的问题：如果评选活动公平公正，那么这个奖项每个月都会被公司最有能力的员工捧走。但是，如果詹妮每次都得奖，大家又会觉得很没面子。因此，你便开始找理由把这个奖平均发到大家的手上，但这个奖在员工之中转手了一两年之后，团队里只剩下斯图尔特没得过奖了，这成了你的一块心病。因此，11 月的时候，你终于对他开了恩（“他的迟到现象好转了许多”）。但是从那一刻起，每次提到“月度最佳员工”这个词，你的员工们就会不屑地翻翻白眼，祈祷这个奖不要落到他们头上。①

相关的专家对如何避免这种窘境给出了建议。[5] 他们提出，若想避免人们对正式表彰活动存疑，我们可以以销售量这样的客观因素作为标准。如果斯图尔特没能达到销售目标，那么他就别想获奖。

更重要的是，绝大多数的认可都应该是针对个人的，而不是走

① 动画片《辛普森一家》里有这样一个精彩的场景：霍默是整个发电厂里唯一一名没有得过“每周最佳员工奖”的人。一次，发电厂的老板伯恩斯把员工召集起来，宣布周度冠军：“我真不敢相信这周的得奖者被我们忽视了这么久。”坐在观众席里的霍默满面春风，开始坐不住了。伯恩斯继续道：“离了他不知疲倦的付出，我们厂根本就没法运营。好吧！大家把掌声送给——这根不会动的碳棒！”在众人的掌声中（霍默没有鼓掌），碳棒得到了一枚纪念奖牌。

形式。对此，我们也做了研究：让我们没有料到的是，在被问到工作中的决定性时刻时，列举稀疏平常的私人事件的人非常多。以下就是一个典型的例子。

> 我把储藏室打扫了一遍，又把所有自行车重新归类，以方便扫码盘点。针对这件事，经理对我提出了盛赞。有人能实实在在地拿出时间认可我的努力，这让我感觉很骄傲……

还有另一个例子。

> 几年前的一天，我正在办公室里工作，一位即将与我们合作的新客户走了进来。在与我的同事谈话时，他看上去好像有什么烦心事……我从后屋出来，想看看能帮上什么忙。我发现了同事和这位客户都没有注意到的一个错误，并把错误改正了。客户非常感动，坚决要见我的老板，并向他称赞我的优秀。我感觉浑身干劲儿十足，这个瞬间虽然短暂，但我很确定，我的老板就是从那一刻开始注意到我所付出的努力的。[6]

请注意这些例子的相似点：这些认知都是自然表露出来的，而不是事先安排好的表彰活动的一部分，另外，这些认可都是针对某种特殊行为给出的。在一篇关于认知的经典论文中，弗雷德·卢森斯和亚历山大·D. 斯特科维奇强调，有效的赞扬能让员工感觉自己所做的工作受到了关注。这就好像管理者在说："你所做的我都看在眼里，我很欣赏你。"

表达认可是礼来公司（一家制药公司）领导力开发负责人基思·赖辛格管理风格的一大特色。[7] 在职业生涯初期，他曾经管理过一个销售团队。团队成员们上门拜访精神病医生，希望说服他们引入礼来公司的药品给病人使用。

在赖辛格实地视察销售代表的工作时，许多销售代表都会带他去见他们最忠实的客户，好让领导对他们刮目相看。但是，鲍勃·休斯却与众不同。他请求赖辛格帮助他处理与一位最棘手的客户的关系，我们暂且给这位客户起名叫辛格医生。休斯与辛格医生的关系推进缓慢，这让他十分头疼。休斯到辛格医生的办公室拜访的时候，后者好像每次都对礼来的药品很感兴趣，但从来也没开过他们俩讨论过的药品。

赖辛格跟随休斯到辛格医生的办公室拜访了一次，在这个过程中，他发现了一个很大的问题。休斯在介绍产品方面做得很好，但是没有仔细听对方的反馈。在这次拜访之后，赖辛格向休斯提出了几个关于辛格医生的简单问题：他是怎么选择药品的？他与自己病人见面的频率是什么？他信赖衡量药效的哪种标准？

休斯给不出答案。因此，赖辛格便鼓励他对自己的客户多抱一份好奇心，不要再做产品陈述，而是开始去了解辛格医生的所思所想。通过接下来的几次拜访，休斯开始认识到了辛格医生不愿更换药品的原因。

比如，礼来公司的一款叫作索简斯（化名）的药是专为患有注意缺陷多动障碍（ADHD）的病人研制的。辛格医生有许多患有这种障碍的病人，但他一直没给他们开索简斯。这让休斯大为不解，因为他认为索简斯对于这些病人是再合适不过的。索简斯对于ADHD 药效显著，与众不同的是，索简斯并不属于刺激性药品。就连辛格医生本人也对索简斯的效果赞不绝口。那么，他为什么不给自己的病人开这种药呢？

开始学会倾听之后，休斯发现，辛格医生的很多 ADHD 患者都是在遇到问题时来求助于他的青少年，比如，一个学生的行为问题让他差点儿被开除或差点儿挂了科。在危急关头，这些病人急需帮助。但是，索简斯起效很慢。不像那些刺激性药物，索简斯的积极效果通常需要一个月或更长的时间才能显露出来。

因此，休斯便向辛格医生提了一个建议。既然这些病人在暑假时不需要药物立刻见效，那么为什么不在夏天开索简斯给他们呢？另外，休斯还推荐给不愿意服用刺激性药物的成年 ADHD 患者开索简斯。

辛格医生觉得这话在理，于是便开始给病人使用索简斯，他对于药效很满意，最终成了这款药的拥护者。

休斯的工作成果让赖辛格大为振奋，这正是赖辛格想要为他的销售代表灌输的好奇心。

大约一个月以后，赖辛格在一次销售大会的开场阶段向大家讲述了休斯与辛格医生之间沟通的进展，特地强调了多提问题和用心倾听答案的重要性。作为纪念，他为休斯颁发了一个象征着用心倾听的奖品：一对博士（Bose）耳机。

休斯表示："对于我来说，这是一个非常荣耀的时刻。制药产业的工作人员都非常聪明，也非常好胜，因此，能在强手如林的同事中赢得这样的奖赏，要比得到一笔奖金更有意义。"

赖辛格开始更加频繁地颁发量身定制的奖项。对一位为客户量身打造解决方案的销售代表，他赠予其一台 Keurig 单杯咖啡机（这台机器能让你根据喝咖啡的人的具体需求量身打造每杯咖啡）。对于那些对客户表现出旺盛好奇心的销售代表，赖辛格则会赠送一款带有"探索不止"标语的北面牌装备。

制药产业的销售代表收入颇丰，自己完全买得起耳机和咖啡机。这些奖品只是一种象征。通过这些半开玩笑式的奖品，赖辛格为他的团队成员打造出了一个又一个荣耀时刻。

你的管理方式或许会有所不同，抑或，这种带有喻义的奖品对你并不适用。表达认可的途径有许多，有的随性而为、直截了当，比如上文中那位因员工“打扫储藏室且将自行车重新分类”而给予奖励的管理者；有的则温暖人心且充满爱意，比如那位双手捧着基拉·斯卢普的脸，对她说“你的声音真美”的教师。

重要的并不是具体的方式，而在于是否真诚。另外，频率也很重要：尽量安排为每周一次，而不是一年一度。当然，最重要的还是你所传递的信息：“你所做的我都看在眼里，我很欣赏你。”

感谢信：放大捐赠者的体贴入微

在活动规模大到必须走流程的时候，该如何针对个人表达赞赏之情呢？想象一场有成千上万的捐赠者出席的慈善活动。其中的每一个人都应当得到一条精心策划、针对个人打造的回复，可是这从逻辑上来说是不可能做到的。然而，DonorsChoose 慈善机构找到了一个将体贴入微放大的方法——这家机构的领导者们有条不紊地建立了一个系统，专门向人们表达认可。[8]

DonorsChoose 的网站给教师们提供了一个为学校提案众筹资金的平台。一名小学教师或许正想要募集 250 美元购买新书，一位高中科学教师或许需要 600 美元来订购新的实验室设备。在学校削减预算的时期，外界捐献的这笔钱可谓一场及时雨。

对于捐款人来说，一两个月之后，当他们中的绝大多数人已经忘记了自己所做的贡献时，特殊的时刻才悄然而至。捐款人会收到一个邮寄的包裹，里面装满了一封封亲手写好的感谢信，这些信来自捐款人资助的学生们，在收信人的位置直接署着捐款人的名字。

拉比亚·阿玛德和她的丈夫捐了一笔钱，给一所小学的教室添置基本用品。这是他们收到的一封感谢信。

> 亲爱的阿玛德先生和夫人：
>
> 感谢你们给我们买的铅笔、文件夹、彩色铅笔、白板笔，还有纸张。收到这些东西，我们可高兴了。我很高兴，班里的同学也很高兴，我的教师和学校的同学们也都非常、非常高兴。我很高兴能得到这些东西。我想要对你们大声说：谢谢你们！
>
> 你们的，
>
> 蔡恩

阿玛德说："我感动得哭了出来。这些孩子竟然真的会因为我们捐的铅笔而感谢我们。"

她本来是不愿接收感谢信的。（网站的规定是，除非选择取消，捐款超过 50 美元的人都会自动收到感谢信。很多人都选择了不收感谢信。）她觉得："任何一个孩子都不必为这么点儿事表示感谢。这些东西对于我们的孩子来说是基本必需品。"

但是在与 DonorsChoose 的工作人员沟通之后，阿玛德意识到这样的做法对于学生们也能起到很积极的影响："这不仅仅是获取物品那么简单，还要去欣赏这些物品，要让学生们意识到，有这样一群人正在期盼着他们成才。"

小学教师玛丽·吉恩·佩斯通过 DonorsChoose 网站为她在佐治亚州的学校募捐购买垃圾回收桶。她的很多学生都自己捐了钱，但让购买回收桶的计划最终成为现实的一笔钱，却来自弗吉尼亚州阿林顿的一位女士，这是一位与他们素昧平生的人。佩斯对她的学生们说："孩子们，阿林顿离我们非常遥远，她是一个我们完全不认识的人，但她觉得我们所做的事情是有意义的。"学生们吃惊极了，他们迫不及待地想要给这位在阿林顿的女士写信表达谢意。

自从 2000 年机构成立起，这些感谢信就成了 DonorsChoose 所打造的体验中的一部分。起初，这家机构每年会寄出几百封信。到 2016 年，机构发出的信件竟然接近了 100 万封！[9]（接下来的几页内容是最近发出的一些信件的样本。）

这种做法需要周密的组织和计划，包括安排一支由十几名员工和 120 名志愿者组成的团队协助审读信件。很多人都建议，将信件扫描后，用电子邮件的方式来发送能极大地节省精力和时间（注意上文中对合理性磨灭灵感的提醒）。DonorsChoose 负责管理感谢信的副总裁朱莉娅·普列托表示："这种表达感恩的方式违反了所有扩大公司规模的策略，但这是大家在这段体验中记忆最为深刻的一环。"

2014 年，团队分析了历史数据，发现选择收到感谢信的捐赠者会在翌年捐献更多的钱——这些感谢信铸造了一种承诺。但对于 DonorsChoose 而言，这并不是他们所追求的效果。

普列托表示："我们不是营销部门。邮寄感谢信的目的并不是赚钱，而是因为我们相信，这是我们的运营模式中一个不可或缺的环节。我们一直都在感恩这个因素上投资下注。"DonorsChoose 为捐赠者们搭建了一家创造决定性时刻的工厂。

拉比亚·阿玛德专门留出了一个抽屉，用来放置孩子们的成绩单等她觉得值得保存的东西。从 DonorsChoose 那里收到的感谢信，就被保存在这里。

> 2016 年 5 月 9 日
>
> 亲爱的捐款人：
>
> 在骑自行车的时候，我从车上摔下来，蹭破了皮，结了许多痂。告诉您吧，我身上现在还有痂呢。有趣的是，我们拿了一些痂放在显微镜下观察，这些痂看上去毛茸茸的，可壮观了。这是为什么呢？我脑子里浮现出了更多的问题。我想，所谓科学，就是这么一回事吧。
>
> 感谢您捐钱给我们添置显微镜。您真好。
>
> 您的，
>
> 布兰登

> 洛弗兰德太太：
>
> 感谢您捐钱给我们买的小说。我很期待听到小说里的故事。您真好！
>
> 爱您的，
>
> 艾芙丽

面对面感恩的幸福时刻

无须赘言，表达感恩会让施恩者心情愉悦，但这一做法同时也有一种“回力镖”效应，即让表达感恩的人也感到振奋和鼓舞。寻找让人更加快乐的方法的积极心理学家们发现，所谓的“面对面感恩”，会对人产生巨大的影响。积极心理学教父马丁·塞利格曼推荐大家尝试下面这个练习。

> 闭上双眼。回忆一个几年前通过一件事或一句话给你的人生带来积极影响的，并仍然在世的人的面容。这是一个你从来没有好好表达过谢意的人，一个你下周就能见到的人。你想到合适的人选了吗？
>
> 你的任务，就是给这个人写一封感谢信，然后亲手交给他/她。这封信应当内容翔实，三五百字长：清楚、具体地写出这个人为你做过什么，对你的人生起到了什么样的影响；让这个人知道你现在在做什么，告诉这个人，你常会念起这份恩情。[10]

我们用蒙大拿大学的保罗·格拉斯曼的感谢信作为例子，他的感谢信是写给母亲的，写完之后，他在母亲面前大声朗读了信的内容。

> 妈，从我降生到现在，您每一天都在影响着我……
>
> 我上高中的时候，每次参加体育比赛，您都会尽量赶来，就算为了赶公交需要提早下班也在所不惜。我的每场比赛都有您的身影。我在枫树谷打附加赛，您裹着毛毯关注着我；在10月中旬的瓢泼大雨中，您也穿着雨披守护着我……
>
> 您不遗余力地激励我，在学校要取得好成绩，因为您想让我上大学。记得我被蒙大拿大学录取的那一天，那个美好的时

刻，是我们两人共同分享的……我知道，没有您，我是无法继续自己的学业的，感谢您的鼓励……

无论是在最艰难还是最顺利的日子里，您都在一旁支持着我。说实话，我真的无法用语言表达这对我的意义有多重大。我只能告诉您，我全心全意地爱着您。您是一个伟大的人，更是一位伟大的母亲。感谢您付出的所有时间、精力及辛勤劳动，让我得以成为现在的自己。我爱您，全心全意地爱您。[11]

很明显，这次面对面的感恩对于格拉斯曼的母亲来说是一次峰值体验。原因在于，这个体验将四大决定性时刻全都包含在内：打破脚本，从而打造欣喜时刻；让母亲听到儿子对自己的看法，从而打造认知时刻；对儿子的成就感到骄傲，从而打造荣耀时刻；同时，这封信所流露出的真情实感，也引发了连接时刻。（当格拉斯曼朗读这封信的时候，他本人和母亲都被感动得热泪盈眶。）

与此同时，这次面对面感恩对于格拉斯曼来说也是一个决定性时刻。他甚至把这次体验算作大学岁月中第三难忘的事件，排名仅次于毕业典礼和参加全国橄榄球冠军赛的经历。

研究者发现，在面对面表达完感恩之后，一股喜悦会涌上表达感恩的人的心头。实际上，这也是所有积极心理干预中出现的最为明显的美好体验。格拉斯曼就尝到了这个甜头，他说："这种感觉真是太美好了。我的身体几乎轻盈地都要飞起来了。"

研究者表示，更神奇的是，这种感觉具有持久性。即便在一个月之后，那些面对面表达感恩的人仍然要比对照组中的同龄人更加快乐。[12]

这是一个意义重大的发现。在这个世界上，能够刺激人们的幸福感暴涨一个小时的因素有很多，一个热乎乎的甜甜圈就能做到。但是，很少有东西能够让人们的幸福感持续一个月之久。

一笔微小的投资竟能催生出巨大的回报，这便是认可的独特之处。一位音乐教师赞赏一个“问题学生”的歌喉，一位销售经理将一对耳机作为奖品，一位老板因员工“打扫储物间”而主动提出表扬……这些，都是让得到赞誉的人在多年之后仍会铭记和珍惜的认可时刻。

如果你发现，只需要投入一点儿时间就可以对某个人的生活起到积极的影响，可以为他人打造一段持续数年的回忆，你会行动起来吗？

好了，现在的你已经发现了这个秘密。

你会行动起来吗？

第八章 多设里程碑

改变人生的"5千米跑"

1996年，25岁的乔西·克拉克与女朋友分手，感觉人生都陷入了低谷。因此，他开始跑步。克拉克本来很讨厌跑步，一直以来都视跑步为敌。但是他觉得，这一次，情况或许会有所转机。

然而转机并没有到来，跑步还是一如既往的枯燥且令人痛苦。但是这一次，克拉克坚持了下来，用他的话说，他最终"突破了临界点"。跑步的感觉开始出现了变化，让他觉得沉静而放松。就连他自己也难以置信，他怎么也想不到，自己竟然是个能够享受跑步乐趣的人。

他说，他感受到了"皈依者的狂喜"，所以决心帮助别人寻找跑步的乐趣。有没有什么办法能帮助其他人免于经历他所忍受的痛苦就能"突破临界点"呢？他心想：我该怎样才能让人们轻松获得成功呢？

克拉克开始简单写下让人们逐渐适应跑步的计划。他想，人们需要设立目标——一个让人向往的目的地。他的直觉告诉他，参加5千米赛跑这个目标挺合适，因为这种比赛具有公开性、社会参与性、竞争性及趣味性（这些都是峰值体验）。最重要的是，5千米赛跑是一个可以完成的挑战，因为对于绝大多数身体健康的人来说，走5千米可以说是家常便饭。

因此，他给自己的计划取名为“5千米跑”。[1]在9周里，通过每周3次的锻炼，这个计划可以将一个整日窝在沙发里的懒人变成一个能够跑完5千米的人。第一项锻炼很简单：在20分钟里，交替进行60秒的跑步和90秒的行走。以此为始，锻炼的难度逐渐加大。

克拉克需要为自己的计划找一个测试者，于是给母亲打了电话。但母亲并没有欣然接受，她说：“他想说服我加入这个跑步计划，鬼才愿意加入呢。”但是，在母性本能的驱使下，她还是同意试一试。结果，计划起了作用。她觉得，“不必付出巨大的努力或者许下重大的承诺就能坚持下来，真是挺神奇的”。

大受鼓舞的克拉克将这个计划发表在他为跑者建立的一个网站上。那是1997年，网络风潮才刚刚兴起。克拉克说：“让我意想不到的是，人们开始尝试我的计划，并且还积极讨论起来，‘我已经坚持到第三周第二天了，具体情况是这样的……’”

经年累月，随着人们对“5千米跑”的兴趣的增加，这个计划的某些节点几乎被蒙上了一层神秘的色彩。比如，第五周的一个特殊时刻就衍生出了属于它的名字：W5D3（代表第五周的第三天）。在这一天，新的跑者们需要明显加大锻炼的力度。在此之前，锻炼内容是长达8分钟的跑走交替，但到了W5D3这一天，跑者则需要一直跑20分钟，这是跑者们到此为止经历过的最长的无间隔锻炼了。在一篇题为《可怕的W5D3》的博文中，一位跑者这样写道："我能想到至少10个以前我会选择停下来走路的节点，但我还是拖着脚步跑了下来，我不时会将速度放得极慢，直到有力气回到正常的速度。我做到了！……耶！"

到2000年，克拉克的网站吸引了几家广告商的注意，他决定将网站卖给一家公司。作为一名软件用户界面设计专家，他继续投入日常的生活中，在这几年中，他的智慧结晶经历了指数式的成长。软件（现在叫作C25K，即25千米跑）名声大振，有几百万人知道这款软件，更有几十万人成了它的用户。[2]

克拉克收到了数不清的真挚的感谢信，这些人告诉他，"5千米跑"改变了他们的人生。他本来只想带领人们享受跑步的乐趣，但在此过程中，他却在不经意间为人们打造了一个个决定性时刻。

花在鼓励人们锻炼身体上的钱有几十亿美元之多，其中的绝大多数都打了水漂，然而这款软件却成功说服人们为参加"5千米跑"而勤奋锻炼。这到底是为什么呢?

"打造好身材"这样的目标过于模糊，让人提不起干劲儿。追逐这样的目标，会让你踏上一条没有明确目的地，而中途又没有机会庆祝的道路。"5千米跑"提供了一个尊重每个瞬间的力量的体系。加入这个计划本身就是一种承诺。参与者将个人的决心公之于众，这本身就是一块里程碑。熬过令人生畏的W5D3时刻，便是第二块里程碑。（千言万语尽在上文中的那句"我做到了！……耶！"之中。这就是荣耀的声音。）不用多说，完成"5千米跑"也是一个峰值时刻，欣喜、连接及荣耀都尽在其中。三个月之前，我连100米都跑不到就上气不接下气了，而现在，我居然成了一个能跑完整场赛跑的人！

而 C25K 计划则让参与者感受到的里程碑事件翻了倍，也让参与者在此过程中体验到的荣耀感翻了倍。同样的做法，我们可以施用于生活和工作中的方方面面。想要体验更多的决定性时刻，我们就需要重新思考设立目标的方式。

升级：为目标设置关卡和层级

史蒂夫·坎布一生酷爱电子游戏，甚至可以说到了难以自拔的境地。他担心自己会因沉迷于游戏中的快感而错失太多生活中实实在在的东西。后来他意识到，自己或许可以亲手斩断自己的瘾。如果能弄明白自己为什么会对游戏如此欲罢不能，他就可以利用这些原理，"围绕冒险为中心，而非逃避"来重建自己的生活。

在坎布的《生命的升级：成为自己故事中的英雄》一书中，他描述了带给人快感的游戏背后的原理。这些游戏是由层级体系构成的："尚处在第一级杀蜘蛛阶段的时候，你知道，如果你能杀死一定数量的蜘蛛，就可以升级杀老鼠了。你还知道，一旦升到了足够的级别，你就可以开始和龙怪大战了！"[3]

通关的感觉真的很棒。这感觉之妙，即便没有通关，也仍然不妨碍你爱上游戏。想想看：很少有人能把《愤怒的小鸟》《糖果传奇》，或是（不得不提的）《大金刚》打通关，但是，大家仍然很享受玩这些游戏的过程。

坎布认为，我们在生活中设立目标时很容易不设关卡。我们放话要"学习弹吉他"，上了一两节课，买了一把便宜吉他，漫不经心地花了几周，学着拨弄了几个简单的和弦。然后，生活开始忙碌起来，7年之后，我们在阁楼上发现了那把吉他，心想：我该重新把吉他拾起来了。仅仅如此，没有设置任何的关卡层级。

一直以来，坎布都很钟爱爱尔兰音乐，也梦想着学会拉爱尔兰小提琴。因此，他借鉴了游戏的设置原理，想出了一个朝着目标“升级”的方法。

> 第一级：每周保证上一节爱尔兰小提琴课，每天练习15分钟，坚持6个月。
>
> 第二级：重新学习识谱，奏出克雷格·邓肯的《凯尔特提琴曲》。
>
> 第三级：奏出《指环王：护戒使者》里的《担忧的霍比特人》。
>
> 第四级：和其他乐者一起用爱尔兰小提琴合奏30分钟。
>
> 第五级：学会用爱尔兰小提琴拉奏《大地英豪》中的《海角》一曲。
>
> 终极战：坐在爱尔兰的酒吧里演奏30分钟的爱尔兰小提琴。

这一招难道不妙吗？坎布将学习拉小提琴这样一个模糊的目标转换成了一个令人神往的明确的目的地：在一家爱尔兰酒吧里演奏。更妙的是，他还在通往目的地的途中设置了5座里程碑，每一个节点都值得庆祝。请注意，就像玩游戏一样，如果他在达到第三级的时候停下了脚步，也仍然能够将几个荣耀的时刻留存在脑海中。就像在玩《糖果传奇》打到30级后放手一样，这段征程仍然充满了乐趣。

你能不能将这一招运用到你的一个目标上呢？比如，有许多美国人都立志想学一门外语。但是，像“学会西班牙语”这样模糊的目标大多会让我们止步不前。这样的目标既没有终点，途中又不设关卡。借用坎布的方法，我们可以把这段旅程打造得趣味盎然。我们可以选择一级级地往上升。

第一级：用西班牙语点一次餐。

第二级：和一位出租车司机进行一次简单的沟通。

第三级：略读一份西班牙语报纸，至少读懂一个标题。

第四级：看懂一集西班牙语动画片的大致剧情。

第五级：阅读一本幼儿园水平的西班牙语书。

如此逐渐升级，直到……

终极目标：和管账的费尔南多用西班牙语进行一次完整的日常交流。

把这个计划和我们通常思考追求目标的方法做一个比较吧。

第一级：挤时间学习一会儿西班牙语。

第二级：挤时间学习一会儿西班牙语

第三级：挤时间学习一会儿西班牙语

第四级：挤时间学习一会儿西班牙语

第五级：挤时间学习一会儿西班牙语

终极目标：在未来的某一天“学会”西班牙语。

这两种计划中的哪一种听起来更有趣？在不得不暂停下来的时候，哪一种计划会让你更容易重拾外语学习？哪一种计划会让你更容易坚持下来？

回顾以往，挖掘成就

通过使用坎布的升级法，我们将通往目标途中激励人心的里程碑事件翻了倍。这是一种前瞻性的策略：我们在期盼未来出现荣耀时刻。但是，与之相反的策略也同样有效：将那些你已经经历过，但可能没有注意到的里程碑事件挖掘出来。在本书前面的内容里，我们提到了 Fitbit 运动手环是如何庆祝用户在健身过程中的里程碑事件的：举例来说，所谓“印度勋章”，就是用来庆祝用户步行了相当于印度国境长度的 1 997 英里而设的。（庆祝 2 000 英里这个里程碑当然也很合时宜，但是“印度勋章”总是让人感觉更有趣，也更难忘。）如果没有 Fitbit 公司的提醒，没有哪位用户会在意这个成就的。

然而奇怪的是，我们在生活中的很多领域都缺乏这种关注成就和庆祝成就的觉悟。拿少儿体育联盟来举例，赛季之中自然而然地散布着得分和打赢比赛这样的荣耀时刻，但是，在孩子们的篮球技能有所长进的时候，我们又该做何反应呢？

毋庸置疑，孩子们能够大致感觉到自己的技能在一个赛季中有所进步。但是，进步是缓慢而逐步的，几乎让人察觉不到。我们没法将回忆倒转到 6 个月之前，对比自己的运球技巧到底长进了多少。

但是，我们可以回放视频。如果篮球队的每一个男孩子都能收到一段简单的前后对比视频，比较自己在赛季初和赛季末的表现，那会怎么样呢？这样一来，进步就一览无余了：你们看！我那时候基本上还不会用左手带球呢！那时候的我死活都投不进任意球。这个充满荣耀的时刻会是多么美好呀！看啊，看我进步了多少！虽然如此，我们还没有碰到任何一个能够有觉悟为自己的球员打造荣耀时刻的教练。

或者，我们也可以考虑一下情侣是如何庆祝纪念日的：旅游、去高档餐厅吃饭，或是交换礼物。这些都是充满了欣喜与连接的时刻。但是，荣耀在哪里？情侣们是不是也应该品味和庆祝一下他们一起走过的路呢？

我们认识的一对夫妻有一本周年庆日记，记录了结婚最开始10年的风风雨雨。每一年，他们都会记录在一起取得的成就：重新装修卧室、请双方家庭共进感恩节晚餐等。另外，他们也记录了两人一起完成的旅游和最常会面的朋友，最让人吃惊的是，他们竟然将吵架内容也写了进去！

丈夫表示："重现前一年吵架的内容，这一招不适用于心理承受能力较弱的人，因为这会让你产生再吵一次的冲动。"但是，坚持记日记的方法还是很有用的，因为日记能够实实在在地证明两人在感情中取得的进展。在结婚的第一年中，夫妻俩几乎事事都要争论一番。（举个例子：厨房案台上该放哪些调味料？）在接下来的三年中，两人的争吵慢慢减少，到第五年，他们只能回想起无伤大雅的小口角，甚至连一次为琐事而起的争吵也没有。想起为调味料而争执的情景，两人都笑了起来。

两人的大笑标志着一个荣耀的时刻：看看我们进步了多少！我们猜想，如果没有那本日记，这个荣耀时刻就不会来临。

明智的管理思维：用小目标支撑大目标

从上文不难看出，我们经常会错失为自己和他人打造荣耀时刻的良机。那么问题来了：这是为什么呢？

我们的理解是：大家都被工作中设下的目标洗了脑。高管们往往会订立这样的目标：在2020年之前，将利润增加到200亿美元！（顺带说一句，这是一个真实的例子。通过与企业最高管理层的交流，我们推测，在当下这一刻，全世界有千百万人都在朝着一个仅因数字说起来朗朗上口就定下的目标而埋头苦干。）

诸如此类的目标会逐渐渗透到下层。对于那些设下诸如“2020年增收200亿美元”目标的公司而言，其中的一个具体部门可能就要设定一个较小的目标来支撑这个大目标，比如：2018年之前将南美市场占有率提升至23%。设定小目标之后，工作人员便又要为实现这些小目标再制订一系列计划。

一个由数字构成的目标加上配套的计划，请留心这样的组合会给我们带来什么：一个无法调动人们积极性，且途中缺少里程碑的无甚意义的目的地。也就是说，“2020年增收200亿美元”这个目标不仅需要人们投入巨大的努力，而且其中的荣耀感也几乎被抽取得一干二净。

公平地说，这种设立目标与制订计划的组合是能够推动企业朝正确的方向发展的。但是，只有在人们对自己的工作担负起相应责任时，这些方法的价值才能彰显。这种目标加计划组合的目的并不是让人们将目标本身作为努力的动力，也不能让担责任的人更好过一些。

我们要留心不要让这种企业式制定目标的风格渗透到个人生活中，对于自己的生活，我们有着绝对的掌控权。比如，“我要在两个月里体重减掉10磅[①]”，这就是一个典型的企业式目标：武断，

---

① 1磅约为4.5千克。——编者注

拿数字说话，且缺少途中的里程碑。读到这里，大家都知道该怎样应对了：我们要将里程碑重新建立起来。你可以利用逐层升级的体系：在一周时间里坚持不乘坐电梯。若是周一到周五一直坚持不喝酒，那么你就可以在周六享受两瓶微酿啤酒。如果能坚持跑够歌单上三首歌的时间，我就能再下载三首歌。诸如此类。

除此之外，“减掉 10 磅”不应成为最终目标。最终目标本身就应该能带给人动力，比如“穿上我那条性感的黑裤子（而不会被勒得胃痛）”。如此一来，你的减肥大计看上去就更像是一项好玩的使命了，你在途中会经常收获成功的体验，而不必每天都去浴室的体重秤上称一下了。

有没有什么方法能将这种思维方式渗入企业内部，对目标加计划方法背后的“严格管控”企业文化起到中和作用呢？一位明智的领导者会在通往目标的道路上寻找里程碑。比如，你的团队接到了一个在第三季度末让消费者满意度激增 20% 的任务。这个目标和设立目标的背景或许都超过了你的掌控，但是你能做的，就是为你的团队设立更多的里程碑（注意，以下步骤不一定要按顺序完成）。

一号里程碑：接到一封来自顾客的满含喜悦的感谢信。

二号里程碑：保持一整周都不出现顾客在满意度调查问卷上打 1 分的情况（7 分为满分）。

三号里程碑：解决上个月满意度调查问卷中出现次数最多的不满。

四号里程碑：完成一半目标——将满意度提升 10%。

……

为了找出诸如此类的里程碑，你可以问问自己：什么目标本身就能带给人激励呢？（收到一封满含喜悦的感谢信。）有哪些只需要几周或是几个月就能获得的成果是值得拿出来庆祝的呢？（解决出现次数最多的不满。）有什么尚未被认识到的成就是值得发掘和庆祝的呢？（一整周不得最低分。）

同样的道理，也可以运用在如培养领导技能这种不那么明确的目标上。在绝大多数的企业中，除了升职，通往领导者职位的途中没有别的明确的“关卡”。但是，如果一位员工需要 5 年才能得到一次升职，或是这位员工对升职不感兴趣，或尚不适合升职，那该怎么办呢？你该如何在中途设置一些里程碑，为员工打造荣耀时刻呢？

大型企业常常从“能力”这个角度来看问题，也就是说，想要把某项工作做好，你就需要培养诸如“制定愿景”、“商业头脑”或是“数据分析”的一系列具体能力。（没错，这些术语听起来的确让人昏昏欲睡。）

但是，在如何培养“商业头脑”这种问题上，你大可不必给员工们下达模糊不清的指令，而是可以用一系列有实际意义的里程碑来指明道路（同样，以下步骤不一定按顺序完成）。

- 让一条正在挣扎的产品/服务线起死回生
- 将一位直管下属升职到管理职位
- 与另一个部门或另一支团队合作解决一个商业挑战
- 别人赞赏你主持的会议值得一开
- 在时限和预算之内交付一个重大项目
- 提出一个被全公司采纳的创意

想要做出一份对于任何人和任何情况都适用的清单是不可能的，因此，这并不是一份为了升职必列的事项清单（比如做完这6件事，你就能升职）。这些里程碑事件只能画出成功的范围而已。想要培养你的能力、向公司展示你的价值，你可以选择这些方式。做到了这些，我们会向你致敬。

视觉标志触发荣耀时刻

触到里程碑的时候，荣耀感会油然而生，同时，这也应该激发人们为之庆贺，从而引发欣喜时刻。（不要忘了，里程碑与峰值和转折事件并列为三种自然产生的决定性时刻，值得我们多加留心。）而里程碑事件，就应该搭配峰值体验。

对于这一点，童子军非常了解。童子军荣誉勋章已经有100多年的历史了，这是多设里程碑和纪念每座里程碑的一个非常好的例子。荣誉勋章是在“荣誉堂”里颁发的，特意让童子军在伙伴面前接受表彰。这是一个峰值事件。同样地，无论是新手的白带还是高手的黑带，空手道弟子们也大多会在公开的颁奖庆典上接受自己的腰带。

那些拥有毕生爱好的人也往往会在有意或无意间遵从同样的理念。斯科特·艾特尔是一家研究机构的主管和3个孩子的爸爸，2013年的一天，他读到了朋友推荐给他的一本关于阿伦·伯尔的书。[4]伯尔是美国的第三任副总统，并在与亚历山大·汉密尔顿的一场著名决斗中将对方杀死。在这本书中，伯尔被勾画成一位美国英雄。几周之后，艾特尔又如饥似渴地读完了大卫·麦卡洛所著的约翰·亚当斯的畅销传记，其中，伯尔却被塑造成了反面人物。

接下来，艾特尔又阅读了乔治·华盛顿的传记，当然，这本书对于约翰·亚当斯的描绘又与麦卡洛的传记有所出入。到这个时候，艾特尔已经阅读了关于相同人物和相同事件的三版内容（因为华盛顿、亚当斯及伯尔的生活都有所交集），在学校里所学的审视历史的视角开始出现了变化。历史人物的形象不再让人感觉单一或非黑即白，而是逐渐变得立体起来。

艾特尔被深深吸引了。他一直都是一个历史迷，而这些传记则为他满足自己对历史的热情提供了一些条理。一天，艾特尔对全家人宣布：他要按顺序阅读每一位美国总统的传记。他说："这超越了对于历史的单纯喜爱，而是成了一条征途。"这是一个带有 45 座事先设好的里程碑的征途。

在第一年里，艾特尔很快就把前八九本传记读完了。米勒德·菲尔莫尔的传记减慢了他的阅读速度，之后，他的征途差点儿被拉瑟福德·伯查德·海斯的传记拦腰截断。他说："这估计是你能想象到的最烂的一本书了。"读这本书，他花了一年。

随着时光的流逝，这条征途也随之演变。现在，艾特尔每读完一本总统传记，就会在美国铸币局买一枚这位总统的纪念币。这些硬币是一种记录他的进程的视觉标志，同样地，他的亲戚们买给他的总统传记也达到了这个效果。

还记得我们在第一章提到的人人都有的装满了以前的奖状、票根及日记的"宝箱"吗？艾特尔的宝箱中满是硬皮书、老钱币及翻旧了的总统传记，这些都是他在徜徉于美国历史时收集的纪念品。不知何故，有纪念品作为见证的荣耀时刻总是如此美好。

想一想翻阅护照上的出入境印章时的感觉吧。一片墨水留下的印记竟能让一段段回忆涌上心头。（说到这儿，登机牌是不是也应该按照“宝箱”中宝物的标准来设计呢？到访旧金山的时候，票根上应该印上金门大桥的图像。然而，我们接到的登机牌却像是一台点阵式打印机的“杰作”。）

艾特尔推测，想要读到现任总统的传记，还需要两三年。他发誓：“除非我死掉，否则我一定要完成这个任务。”

他表示，读完现任总统的传记的时候，他计划带着全家人到各个总统图书馆去度假。也就是说，一条征途的完结预示着另一条征途的开启！（不知道他的计划有没有经他的孩子们批准。）

从“中点线”到“终点线”

看一看下图中芝加哥大学的研究员乔治·吴绘制的图表。图表总结了从芝加哥到柏林等城市的900多万名马拉松跑者的完成时间。[5]我们可以看到，绝大多数跑者都会在3.5~5小时完成马拉松。

但是请注意，图表的线条看上去就像一座尖峰。注意标志着4小时0分钟、4小时30分钟、5小时0分钟等阈值时间的纵线，你

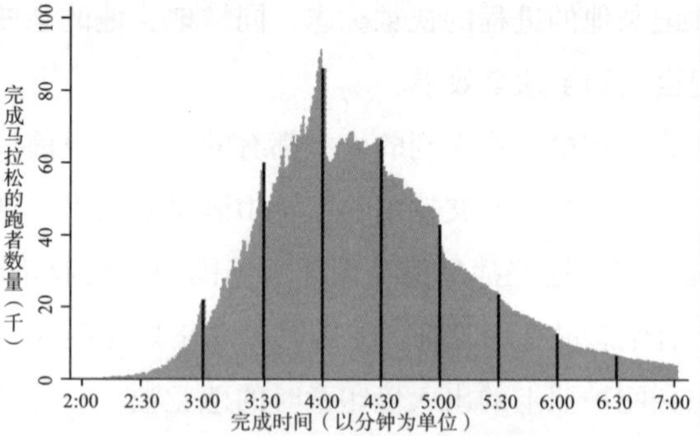

注：黑色竖线凸显，在稍早于每30分钟出现的阈值时间点完成马拉松的人数较多。

会发现，在稍早于这些时间点完成马拉松的跑者要多出很多（在 4 小时的时间点最为明显）。

这就是里程碑效应。眼看终点还有 1 英里，这些精疲力竭的跑者打开了自己的再燃装置，因为他们无法忍受秒表上的时间超过 4 小时。当然，这些里程碑完全是人为随意设定的：从逻辑上来说，在 3 小时 59 分钟 59 秒完成或是在 4 小时 0 分钟 0 秒完成，并不意味着能力存在什么差异。但是，各位读者应该和我们一样，都对二者的差别心知肚明。（我们兄弟两人中的某一位有时会在晚上在自己的卧室里走圈，为的就是拿下每天走 10 000 步的目标。虽然很荒唐，但事实就是这样。）

每个人都爱里程碑。

这就将我们带回了上一个论点：想要触到里程碑的渴望，会推动我们每一个人在最后关头奋力一搏。为了在 4 小时之内完成马拉松，你会以冲刺的速度跑完最后的 1/4 英里。为了达到每天走 10 000 步的目标，你会在卧室里像疯了一样踱来踱去。

作家兼电脑科学教授卡尔·纽波特花了多年时间研究成功人士的习惯。“从我的经验来看，在成功人士身上能够看到的最常见的特征就是对完成任务的痴迷。一旦有项目进入他们的视野，他们就会近乎偏执地渴望完成任务。”[6]

努力跨越终点线能够带来成功，而里程碑的意义则在于强迫我们做出这种努力，因为（1）这些里程碑是触手可及的；（2）之所以选择这些里程碑，就是因为这些里程碑值得我们伸手去够。里程碑标志着那些能够征服，也值得征服的目标。

为了通过测试并赢得箭术勋章，一位童子军多花了一天打磨他的弓箭本领；而斯科特·艾特尔之所以能皱着眉头读完米勒德·菲尔莫尔的传记，是因为他知道接下来就能读到林肯的传记了。这些人都为了达到终点线而鞭策着自己。

但是，最棒的还不止于此：我们并非只能跨越唯一一条终点线。通过多设里程碑，我们可以将一次漫长而模糊的赛跑变成一次设有多条“中点线”的赛跑。在跨越每条线的时候，我们胸中都会迸发出一股荣耀感和力量，支撑我们为下一条“中点线”奋力猛冲。

第九章 锻炼勇气

在静坐示威中抑制恐惧

1960 年 2 月 13 日，约翰 · 刘易斯、安吉拉 · 巴特勒，以及黛安娜 · 纳什带领一群黑人学生步入纳什维尔市中心的几家商店，在只许白人入座的快餐店坐下。这就是纳什维尔第一批反对种族隔离的静坐示威的开始。[1]

来自佐治亚州的约翰 · 刘易斯现在已是一位资深的国会议员，他在 PBS（美国公共电视网）连续剧《美国民权之路》的访谈中回忆说："学生们打扮得就像是在去教堂的路上一样。"上文中的这段描述，也摘自这部关于民权运动的精彩剧集。"由于店员拒绝为我们提供服务，我们便在快餐店里学习、做作业。管理人员下令将点餐柜台关闭，把餐厅也关了。"

"我们第一次静坐示威的体验很有趣，因为服务员们很紧张，那天肯定摔了 2 000 美元的餐具。"黛安娜 · 纳什说道，"我是说，那场景简直像是从动画片里搬出来的一样……一位女服务员紧张得不知所措，她拿起几个碟子，摔了一个，然后又拿起另一个碟子，但是又摔了。”

学生们一律既安静又礼貌，那次静坐示威在没有引起任何混乱的情况下收了尾，第二周进行的第二次静坐示威也平静地结束了。但是到 2 月 27 日第三次静坐示威时，冲突却升了级。黑人学生受到了聚集在商店里的白人青年的骚扰和诘难，几位示威者被人从座位上拽起来殴打。警察闻讯赶来，将 77 名黑人学生以游荡和妨碍治安行为的罪名逮捕，而施暴的白人却没有一个被逮捕。

黑人学生被定以妨碍治安行为的罪名。约翰 · 刘易斯和其他一部分学生拒绝支付 50 美元的罚款，被关在监狱里一个月。

与此同时，因孩子们被关进监狱而忧心如焚的家长用一个新的倡议将社区中的黑人集结在一起：对实行种族隔离的市中心商店进行抵制。学生活动家里奥 · 利拉德表示：“让我们停止支持这个体系吧，因为我们想要改变它。我们想，如果（商店老板）因为没人去纳什维尔市中心的商店购物而受到了冲击，那么他们就会向市长、本市的政治体系及这座城市本身施压，要求改变法律法规。”

4 月 19 日清晨，有人向黑人学生的辩护律师 Z. 亚历山大 · 卢比的家中投掷了一枚炸弹。爆炸的冲击力是毁灭性的——甚至将街对面一所大学宿舍的 147 扇窗户都震碎了。但是，在里间卧室里睡觉的卢比和他的妻子却奇迹般地毫发无伤。

这次暗杀行动使得黑人社区群情激愤。黑人领导者组织了一场以市政大厅为目的地的游行。C. T. 维维安牧师说：“人们开始集结在一起，我们开始前行，餐厅里、学校广场上的学生都陆续跟了出来。我们把杰斐逊大道给挤满了……在我们走过的地方，有趁午休出来的工人，这些白人工人从来没有见过眼前这种场景。足足4 000人在大街上游行，你能听见的，只有我们安静行进时的脚步声。白人工人们不知道该做何反应，他们后退到墙根，就那么靠着墙站着，呆呆地看着。他们感到恐惧，也感到敬畏，不知道该做些什么。但是他们知道，眼前的场景是没法阻止的，这不是开玩笑，容不得亵渎。”

在市政大厅的台阶上，在逐渐壮大的人群的众目睽睽之下，维维安牧师和黛安娜·纳什与市长本·韦斯特进行了正面对峙。纳什说：“韦斯特市长，只凭种族或肤色就歧视一个人，您不觉得这是错误的吗？”韦斯特同意，这种做法是错误的。

然后，纳什继续说，快餐店的种族隔离规定不应该被废止吗？

“应该被废止。”韦斯特市长承认道。

白人社群中的许多成员都因市长的回应而怒火中烧。尽管如此，在三个星期之后，快餐店还是撤销了种族歧视的规定，黑人消费者第一次与白人消费者坐在一起享受餐厅的服务。纳什维尔快餐店的种族隔离被废止，是民权运动史上美国黑人民权运动早期的一次巨大成功。

这次成功的基础便是勇气，一群为了反抗不公平待遇而甘愿面对侮辱、伤害及监禁的学生所表现的勇气。对于参与事件的学生来说，在快餐店里坐下的那一刻，便是他们人生中的一个决定性时刻。而他们的努力，也逐渐发展为整个国家的一个决定性时刻。

这段故事中鲜为人知的一段插曲是，这些示威者不仅仅展现了勇气，还对勇气进行了练习和预演。而这就延伸到黑人民权运动中的一个伟大的人物：詹姆斯·劳森。

劳森是一位循道宗牧师，曾远赴印度向圣雄甘地的弟子学习非暴力抵抗的技巧。搬到纳什维尔之后，他开始对在日后的黑人民权运动中担任领导角色的人进行培训：其中包括刘易斯、纳什等。劳森对非暴力抵抗的准备工作的重要性坚信不疑："你不能让 25 人的队伍随心所欲地进行示威。他们必须要有一条共同的原则，原则对于我来说是一个关键词。不主张暴力的人和非暴力活动的问题就在于，这些人或活动认识不到严格纪律和严酷培训的必要性。"

在纳什维尔，劳森通过工作坊对示威者进行培训。历史学家泰勒·布兰奇写道："他教大家在面对 100 种可能出现的紧急情况时的应对方法，如何避免违犯关于游荡的法律法规，如何按顺序进出快餐店，如何为需要去厕所的学生占位，甚至连着装都讲到了——女生穿长筒袜和高跟鞋，男生穿大衣，打领带。"

但是，劳森不仅仅给出了建议，还坚持让学生们通过角色扮演进行练习。他按照市中心商店的快餐店模拟了一张餐台，让学生们在座位上坐好。接下来，劳森的伙伴扮演的"白人"侵入学生们的空间，将他们围在中心。这些人用带有种族歧视的言论诋毁学生，他们凑近到离学生的脸只有几厘米的地方，对他们进行侮辱。几个"白人"将烟灰弹到学生的头发里，还将学生们从椅子上拽起，推到地上，拉扯他们的衣服，对他们推搡、挑衅。

这种模拟出来的打斗虽然残酷，却是必不可少的。劳森想要让学生们习惯将自控作为第一反应，也就是抑制住反击或逃跑等第一反应。等到约翰·刘易斯和伙伴们在纳什维尔市中心的快餐店里就位的时候，大家已经做好了准备。他们有纪律、有礼貌，且从容镇定。心里的害怕是自然的，但是他们已经学会了抑制自己的恐惧。就像马克·吐温说的一样："勇气是对恐惧的抵抗、对恐惧的掌控，而不是无所畏惧。"

暴露疗法：让蜘蛛从手上爬过

在回想起人生中最荣耀的时刻时，我们往往会先想起与所爱的人有关的荣耀时刻。结婚的那一天、孩子出生的那一天、孩子大学毕业的那一天……这些都是决定性时刻。

我们喜欢分享伴随成就而来的荣耀时刻：比如，我们克服的阻碍、取得的胜利，以及赢得的成果。在前两章里，我们已经学习了两种打造更多荣耀时刻的方法：第一，我们可以认可他人的成就；第二，我们可以在到达目标的途中多设立里程碑。

也就是说，我们不仅为我们所爱的人骄傲，也会为我们自己的成就自豪。但是除此之外，我们还疏漏了一点。想一想人们对其他形式的荣耀时刻是如何描述的：我为某人挺身而出，我坚守立场，顶住了非议，我坚守了自己的信仰，我没有屈服。这些情感并不是在描述“成就”，至少不是那种牌匾或证书上的成就。应该说，这些感情意在描述表达勇气的时刻。

从表面看来，勇气时刻或许要比我们在这章中遇到的其他时刻更难“创造”。毕竟，我们可以选择该在何时认可他人，也能选择在什么时机、通过什么方法多设里程碑。但是，需要勇气的时刻往往突如其来。这些时刻转瞬即逝，有可能会让我们措手不及。机会一闪而过，留下我们后悔自己为何没能直抒胸臆或挺身而出，这种情况时有发生。

我们无法制造所谓的“勇气时刻”。但通过这一小节，我们知道，我们可以锻炼勇气，以便时刻准备好应对不时之需。

军队对这一理念非常熟悉。就像心理学家 S. J. 拉赫曼在一篇关于军队培训的报告中所写的一样，“如果想要让人们做好投身于救火或是跳伞这些危险工作的准备，那么所谓的‘勇气培训’扮演着非常重要的角色”。

拉赫曼研究了在北爱尔兰冲突中负责拆卸简易爆炸装置（IEDs）的士兵。[2] 无须赘言，这是一项极其危险的工作。相关事件在 1969—1981 年一共发生了 31 000 多起，17 名拆弹士兵在执行任务时失去了生命。

拉赫曼写道，“对勇敢行为的有效锻炼”减少了恐惧，增强了信心。没有经验的拆弹员要经历严格的训练，在训练中模拟出他们会在实地遇到的环境。这种训练对于拆弹员的信心起到了出人意料的影响：在完成模拟训练后，拆弹新手表现出了相当于拆弹老手 80% 的信心。对于一个尚未在实地拆卸过任何炸弹的人来说，这样的信心真是令人咂舌！（这种信心应该不是天真乐观的表现：拆弹新手对于工作危险性的预估与拆弹老手的预估相差无几。）

这种培训为什么会如此有效呢？拉赫曼表示：“这种培训的其中一项内容，就是针对很可能会出现的危险任务进行逐步渐进的练习，这一点尤为重要。”

这种被称为“逐步渐进的练习”，也是缓解恐惧症（即非理性恐惧）最有效的疗法之一的暴露疗法的标志。在杰森·迈斯特考斯基组织的一项实验中，研究者们对害怕蜘蛛的人采用了暴露疗法。[3] 在实验刚开始时，参与者被要求在可忍受范围内，尽量靠近一只被装在玻璃容器中的狼蛛——参与者们一般在距离约 3 米的地方就停了下来。

在接下来的实验中，研究人员要求参与者通过 14 个渐进的步骤来锻炼勇气。每一个步骤都先由研究人员进行演示，然后，参与者在感觉自己做好了准备之后，需要重复研究人员的演示。以下是几个例子。

> 第 1 步：站在距离玻璃容器中的狼蛛约 1.5 米的地方。
>
> 第 3 步：将手掌贴在靠近狼蛛的封闭的玻璃容器壁上。
>
> 第 7 步：用一支小刷子引导狼蛛前进的方向 5 次。
>
> 第 9 步：让狼蛛爬过戴着厚手套的手。

注意，这基本上是一个层层递进的程序，其中的每一个步骤都构成了一个具体的荣耀时刻。（“说来你不信，我今天触碰狼蛛了！虽然是用刷子触碰的，但是也算数！”）

一长串的步骤在进行到第 14 步的时候达到了高潮：让狼蛛在参与者没有任何遮挡的手上爬过。猜想一下：你觉得这些蜘蛛恐惧症患者需要多久才能进行到第 14 步呢？也就是说，想要达到自愿让一只毛茸茸的狼蛛在自己的手掌上“闲庭信步”的这个时刻，需要多长时间呢？几周吗？还是几个月？

答案是两小时。这就是完成 14 个步骤的平均用时，令人惊讶的是，所有的参与者都成功地完成了任务。这些可是刚刚连玻璃容器 3 米之内都不能靠近的人啊！更令人意想不到的是，6 个月之后，他们仍然能够触摸蜘蛛。

实验报告的主笔凯瑟琳娜·霍纳表示：“在接受治疗之前，一些参与者因为害怕蜘蛛而不愿意在草地上行走，有的人因为觉得家里和宿舍里有一只蜘蛛而几天不愿回去。”

在生活中，我们经常会模拟“暴露疗法”。想一想父母是怎样哄着怕狗的孩子在面对一只友善的狗时放下戒心的。你看那只比格在干什么呀，看上去呆萌呆萌的……你想不想看它咬玩具的样子啊？……它现在坐下了，你想不想摸摸它毛茸茸的背呀？它可喜欢吃零食了，你想不想喂它一块零食呢？不一会儿，你的孩子就交到了一个新朋友。

事先储存默认反应

暴露疗法的目的在于控制恐惧，这是勇气的一个关键的组成部分。对于黑人民权运动的示威者及拆弹员来说，想要成功，就必须控制住自己的恐惧。但是，勇气并不仅仅是压制恐惧感，还包括掌握在危急情形之下该如何反应的知识。

回想一下，詹姆斯·劳森给学生们提供了指引，告诉他们如何避免违犯关于游荡的法律法规，如何按顺序进出快餐店，如何为需要去厕所的学生占位，等等。他的工作坊并不只是教人们如何在情感上坚强起来，而是要进行一种心理上的预演。参与者们需要预见自己在特殊情况下会做出怎样的反应。可以说，他们是将做出反应的方式提前储存好，以便在事到临头能够不假思索地快速行动。

心理学家彼得·戈尔维策研究了这种提前储存的方法会对我们的行为产生怎样的影响。他的研究让我们看到，当人们在心里提前订好计划时（如果发生 X 事件，我就会采取 Y 行动），与没有订计划的人相比，前者的行为与目标方向一致的概率要大很多。比如，一个立志要减少酒精摄入量的人可能会下这样的决心：“只要有服务员问我要不要再添一杯酒，我就会选择要一杯气泡水。”与有着相同目标、但没有事先储存好应对计划的人相比，这个人拒绝添酒的概率就会大许多。

戈尔维策将这种应对计划称为“执行意向”，[4] 其诱发因素往往是时间和地点这样简单的条件：今天下班的时候，我要直接开车去健身房。这种方法的成功率引人瞩目。确立执行意向，使得按时上交某项作业的学生人数翻了一倍，让在某个月主动进行乳房自检的女性翻了一倍，也使得接受髋关节和膝关节置换手术的病人的恢复时间缩短了一半（这只是众多例子中的几个），提前储存应对方式的效果，可见一斑。

然而，这种事先储存的方法在勇气不可或缺的企业环境中并不常见。一位同事或一位客户贬低他人、言语粗俗或是提出了不道德的建议，会让我们措手不及，只得眼巴巴地看着事情发生。10 分钟后，我们责骂自己当时为何无动于衷。然而，时机已逝。

这些错失的时机让玛丽·金泰尔重新反思了学校在道德教育方面所采取的方式。金泰尔是弗吉尼亚大学达顿商学院的教授，她发现，道德教育是围绕“什么才是正确的选择”这个问题展开的。然而，人们往往知道正确的选择是什么，可难点在于，如何依照这种判断采取行动。

金泰尔说：“我们每个人都能列出一大堆难以实施正确的选择的理由——我们觉得孤立无援，怀疑自己是不是太过天真，质疑是否接收了错误的信息（或者，我们想要相信我们接收到的信息是错误的），我们担心老板不能接受我们的行为，害怕在提出问题之后会受到‘阻力’而不知该如何做出回应，我们不愿受到排挤，更不愿给人留下不善于‘团队合作’的印象。”

金泰尔越发感受到，道德教育不应只关注“什么才是正确的选择”，还应关注“我如何才能做出正确的选择”。她编定了一门叫作“表达价值观”的课程，[5] 这门课已经被 1 000 多所学校和企业所使用。

这套方法的核心在于练习。我们先要找出有违道德的问题可能会在何种环境里出现，还要预见人们对不符合道德的行为会如何找借口进行粉饰，然后，你要将自己可能提出的异议或采取的行动实实在在地写下来。最后，你还要与同伴一起练习你所给出的反应。

那些不甘于言不由衷地重复空洞无味的“价值观陈述”、想要让有道德感的文化渗入企业的领导者，定会从金泰尔的方法中找到启发，将练习这一环节设为重中之重。因为，导致不道德行为出现的环境是可以预见的：只盯目标的强压，加上不管不问的管理方法，一定会导致偷工减料或是彻头彻尾的诈骗（想一想金融界的丑闻）。责任的模糊，加上赶着完成任务的急功近利，一定会酿造灾难（想一想损失惨重的漏油事件）。一位领导者的偏见、偏执或是性别歧视，会在一个消极接受的环境中生根发芽，导致不可避免的权力滥用。

这些事件并不反常，发生只是概率问题。这些事件，都是可以预见和抵制的。

金泰尔表示：“就像运动员通过练习将动作深入肌肉记忆中一样，这门课的重点在于，要将表达价值观设定为我们的默认反应。”

练习勇气，缓解焦虑

在叶史瓦大学的神学院里，学生们要与演员通过角色扮演模拟出不同的场景，演练当上拉比[①]后，在与犹太教教众的交流中可能遇到的棘手问题。根据《纽约时报》保罗·维泰罗的报道，学生参与预演的场景既复杂又深沉：与一位有自杀倾向的十几岁的年轻人

① 拉比是犹太人中的一个特别阶层，是教师，也是智者的象征。——编者注

交谈，安慰一位因年龄受到不公平待遇且被边缘化的老年女性，为一位在童年时受到性骚扰的受害者提供咨询，告知一位丈夫，他的妻子在参加犹太集会时因动脉瘤离世。[6]

24 岁的学生本杰明·胡本被安排应对最后一个场景。维泰罗是这样描述这个场景的："为了做好准备，胡本在屋外独自待了一会儿，努力酝酿出报丧时的情绪。他眉头紧锁地走进教室，希望脸上的悲伤能够将他要说的话传递出去。但是，与他演对手戏的演员可不那么好伺候。胡本说，那位演员就在那里等着我发话，听完后，他'演技大爆发'，表现出伤心欲绝的样子。只是叙述这段往事，胡本脸上的表情便凝重起来……他说，他从这段模拟场景中认识到，有的人或许要等你把话说出口才相信，他们或许需要很长时间才能适应突如其来的冲击，而等他们回过神来之后，情况便更加不可收拾了。"

最开始的时候，这项角色扮演练习中没有演员，只有学生们互相交换角色。但是，这种方法有一个问题。神学院的院长梅纳凯姆·潘纳拉比表示："这种方法虽然有教育指导意义，但是不够身临其境。这就是阅读书本与亲身经历之间的区别。演员们创造出了一种紧张感，这大大增加了练习的价值。"

这么说来，锻炼勇气的一个关键因素，便是确保勇气是练习中必不可少的一部分！在纳什维尔的预演中，詹姆斯·劳森的伙伴们对学生抗议者进行辱骂、嘲弄、推搡，而潘纳拉比的神学院中的学生们则必须要面对又哭又喊、情绪失控的犹太教众。这些学生模糊地知道眼前的场景并不"真实"，但那个时刻给人的感觉却又如此逼真。

通过预演如此揪心而细腻的对话，学生的自信心得到了空前增强。潘纳拉比说："我们发现，即便仅仅通过一次练习，学生也会在实际生活中遇到真实情况时变得更加沉着冷静，善于应对。"在如此沉痛的场景中，想要给出建议是需要勇气的，而这股勇气可以通过练习来增强。

在绝大多数的企业中，员工们不会被要求去处理如此严峻的问题，但人人都会碰到让人焦虑的谈话。你如何才能在一位说一不二的老板面前稳住阵脚？如何对一位重要的客户说"不"？如何解雇一位有可能大吵大闹的员工？如何开除一位任劳任怨，但岗位已经不具有实际意义的员工？每个行业都有属于自己的一套感情冲突：一位航空公司的前台服务人员必须要帮助一位因晚了 90 秒而误了转机的心急如焚的乘客；一位教师必须要告知家长，他们的孩子品行不端；一位理财顾问不得不告知一位年事已高的寡妇，由于股市调整，她损失了 20% 的养老储蓄。

练习能够缓解这种让我们在危急关头晕头转向的焦虑感。缺少练习，我们的美好意愿往往会变得摇摆不定。我们来看看 1983 年成立的防止滥用毒品的"D.A.R.E"（抵制毒品侵蚀教育）组织的例子，这个组织将警察请到校园，为学生们普及毒品的危害，提倡远离毒品的生活方式。D.A.R.E 提供的干预措施不仅有着好的出发点、响亮的名声及非常高的人气，还是全美运用最广泛的抵制毒品课程。但是，数项研究的结果赫然摆在人们面前：这套课程不管用。一项元分析统计的结果表明，参与 D.A.R.E 课程的青少年吸食毒品的概率与没有接触过这套课程的青少年不相上下。

那么，D.A.R.E 为什么不管用呢？皮姆·库伊帕斯对禁毒课程的成功因素进行了研究，并在研究论文中阐述了 D.A.R.E 课程的缺陷。[7] 他的研究结论很简单：对毒品滥用起到了抑制作用的课程运用了互动的方式，而没有效果的课程则不然。

换句话说，想要抵制毒品，学生们就必须要有锻炼勇气的机会。困难的并不是判断什么是正确的选择，而是实实在在地采取行动。青少年总会在派对上遇到有人向他们提供酒水或大麻的情况，如果没有事先排练过该在这种时刻说些什么，他们很可能会觉得自己的立场飘摇不定。

敢于站出来，就会有人跟随你

这些青少年或许不知道，如果他们能拒绝毒品或酒精，那么其他人也会更容易对毒品或酒精说不。一个人的勇敢之举能够坚定他人的信念。一位高管与我们分享了他是如何将这个理念施用在企业中的。他说："在开会的时候，我一般会在参会者里设一个'托儿'，并让这个托儿提出一个难以启齿的问题。这是一个我们知道人们在问、在聊，但不敢直接在管理层面前提出来的问题。之所以这样做，是为了打破沉寂，我们想让大家看到，提出这样的问题是安全的。"[8] 这位高管担心与会者缄口不言，这是有根据的：一项研究表明，85% 的员工都表示，"虽然感觉事关重大，但仍不敢向上级提出问题或表达担忧"。[9]

大量证据表明，这位高管的这种找朋友带头提出难以启齿的问题的方法是有效的。查兰 · 尼麦斯和辛西娅 · 柴尔斯组织的一项实验让我们看到，一个勇敢之举能够为另一个勇敢之举提供支撑。[10] 比如，你是实验的一位参与者，你与另外 3 位参与者组成了一个小组，一位研究人员给你的小组展示了 20 张幻灯片。看完每一张幻灯片后，研究人员都会暂停下来让每个人回答出图片的颜色。这个任务很简单，因为所有的图片都是蓝色的。在被提问的 20 次里，你们小组的 4 名成员都回答了“蓝色”。

接下来，小组解散，你被分配到了一个新的四人小组，任务仍然不变。但是这一次，第一张幻灯片却是红色的。奇怪的是，你的 3 位组员都说这张幻灯片是“橙色”的。你会做何回答呢？幻灯片看起来的确是红色的，但是，会不会是你看走眼了呢？这样的情况重复了 19 次，你的组员们每次都说幻灯片是“橙色”的，而且每一次，大家都齐刷刷地盯着你，等待着你的答案。

如果你觉得自己在这种情况下能够坚守阵地，你或许是正确的，但你属于少数派。在这项实验中，绝大多数人都选择了从众。平均来说，为了与多数人的不正确观点保持一致，他们声称 20 张幻灯片中的 14 张都是“橙色”的。（大家可能已经猜出来了，四人小组中说红色幻灯片是“橙色”的人，都是研究人员的同事或伙伴。）

另外一组参与者也经历了上文所述的流程，唯一一个重要的不同点在于：这一次，研究者们在第一组（也就是看到蓝色幻灯片的小组）中也安排了一位“同伙”，并要求此人每次都将蓝色的幻灯片说成“绿色”的。我们把这个人称为“勇敢的错误先生”。另外三位（普通的）参与者或许对这个人的色盲表现感到奇怪，却能很容易地守住自己的阵地，坚称所有蓝色幻灯片都是“蓝色”的。

令人惊讶的差异出现在第二组。像上文所述的一样，参与者们看到了红色的幻灯片，其他三位研究人员的同事或伙伴仍继续说这些幻灯片是“橙色”的。但是这一次，参与者坚持了自己的观点！他们向大多数人的意见提出挑战，坚称 20 张幻灯片中有 17 张（平均数）都是红色的。

请注意，这些做出了勇敢之举的人并没有锻炼勇气，只是见证了勇气。“勇敢的错误先生”虽然对颜色进行了错误的判断，但仍然敢于大声表达自己的见解。这种敢于提出异议的行为坚定了其他参与者的决心。就像两位研究人员所写的一样：“接触少数派的不同观点，即便这种观点是错误的，也仍然能够促进人们独立思考。”

而坏消息是，人类天生倾向屈从于大多数人的意见。如果人人都把红色的幻灯片说成橙色，那么我们就会认为是自己判断失误，从而改口说成橙色。

但从好的方面来说，即便只有一个人敢于站出来向大多数人的观念提出挑战，也能为我们壮胆。我们不再形单影只，也没有失去理智。如此一来，我们便敢于将红色的说成“红色的”了。

简而言之，勇气是有感染力的。无论是历史性的示威抗议，还是日常生活中的一举一动；无论是黑人民权运动，还是员工提出难以启齿的问题，我们学到的经验是：拿出勇气虽然困难，但通过练习，难度便会降低；另外，敢于站出来，就会有人跟随你。

想一想吧：你的勇气时刻说不定能够造就其他人的决定性时刻。你让他们看到：红色就是红色，错误就是错误，如果我们能够团结一心，起来抗争，那么错误就有被纠正的可能。

荣耀时刻
要点小结

1. 荣耀时刻是对人们取得成就的庆祝。在荣耀时刻中，我们昂首挺胸、神采奕奕。

2. 想要打造更多的荣耀时刻，有三个实用的方法：（1）认可他人；（2）多设里程碑；（3）锻炼勇气。第一种方法能为他人打造决定性时刻，后两种方法则让我们为自己打造决定性时刻。

3. 我们对认可的表达远远不够。

- 研究员韦利总结道，超过80%的主管都认为自己经常会对下属表示认可，但同意这种说法的员工却不到20%。

4. 有效的认可要针对个人，而不要走形式。（评选“月度最佳员工”没什么用。）

- 礼来制药公司的基思·赖辛格利用“量身定制的奖励”（比如Bose耳机）来传递这样一条信息：你所做的我都看在眼里，我很欣赏你。

5. 投入与收获不成正比是认可的一个重要特征：只需投入一点儿努力，接受认可的人就能得到一大笔回报。

- 基拉·斯卢普在中学的时候听到一位音乐教师说她嗓音优美，人生从此改变。

6. 想要为我们自己打造荣耀时刻，就应该让有意义的里程碑翻倍——也就是重新规划漫长的旅途，在其中设置许多条“中点线”。

- 在通往学会拉爱尔兰小提琴这个长期目标的途中，作家坎普设置了“层层关卡”——比如“把《指环王》里《担忧的霍比特人》一曲学会”。

7. 我们也可以挖掘出那些尚未被人注意到的里程碑。

- 如果少年体育队的每个成员都能看到一段体现其进步的“前后对比”的视频，会有怎样的效果呢？
- 倚重于数据的企业目标，作为划分职责的工具无可厚非，但是，明智的管理者会在通往目标的道路上树立更多有激励意义的里程碑。

8. 我们会为表现出勇气的时刻而感到自豪。我们永远也不能料到何时需要用到勇气，但可以通过练习来让自己做好准备。

- 在纳什维尔快餐店进行静坐示威的各位不仅展示出了勇气，更是“预演”了勇气。

9. 锻炼勇气能够让我们“事先储存”好该做出的反应。

- 金泰尔的道德教育方法让我们看到，我们往往知道什么是正确的选择，但是不知道该如何行动起来。

10. 勇气是有感染力的，我们的行动或许能够造就他人的决定性时刻。

老板恍然大悟——原来没人愿意听我的

4号诊所

背景信息

一家公司的首席财务官（我们叫他马克）刚刚看完他的360度反馈评价的结果，但结果并不令人满意。

马克知道自己在公司里并不怎么受人爱戴，却因自己“单刀直入”的管理方式而感到自豪。他会说：“领导的艺术可不是一场人气的竞赛。”即便如此，他还是被反馈的结果吓了一跳。人们并没有把他当作一位说一不二的领导，而是把他看作一个彻头彻尾的浑蛋。大家认为，他很少会倾听别人说话，经常打断别人、硬性插入自己的观点，对于别人的观点不屑一顾，也从不会为自己的失误而道歉或认错。其中一条反馈尤其点到了他的痛处：“马克是公司现任最高层领导者里唯一一个没有希望升任首席执行官的人，原因很简单，首席执行官是最高级的管理者，而没有任何人会愿意听命于马克的。”

理想效果

马克被现实绊了一跤。[360度反馈评价提供了：（1）明确的认知；（2）简短的用时；（3）由观众自己（也就是马克本人）去发现的机会。]刚开始读到反馈信息的时候，马克心生戒备——“这只是吃不到葡萄，却说葡萄酸的同事嫉妒心在作祟”，然而，他的戒心逐渐瓦解了。他意识到，同事是正确的，他的表现的确像个浑蛋。另外，他也看到，如果不改正缺点，无论在这家公司还是其他任何一家公司，他是不可能成为一位首席执行官的。因此，他决心改变。但是该用什么方法呢？

如何打造决定性时刻？

这是一个怎样的时刻？这种时刻不会凭空出现。从一定程度上来讲，这也是问题所在。著名的高管教练马歇尔·戈德史密斯表示，他的一些客户的确成功地改正了自己的缺点，但是谁也没有注意到，这些客户的“浑蛋”形象已经在同事们心里根深蒂固了。鉴于此，戈德史密斯鼓励这些客户与同事们开一场会，在会上为自己的行为道歉，承诺做出改变，并请求同事们帮助他们改正错误。受戈德史密斯的启发，马克也安排了一场会议，并在会上完全按戈德史密斯的要求去做。这是一个决定性时刻，标志着从“旧我”到“新我”的转变。[11]

让欣喜升级

马克的会议并不是峰值事件——这次体验中并没有什么积极的情绪。尽管如此，会议上的推心置腹仍然（1）增加了刺激性，（2）打破了脚本，因而涉及欣喜时刻三个特质中的两个。

让认知升级

（1）被现实“绊倒”。这个事件中关键的认知时刻，便是马克拿到360度反馈评价的那一刻。这是第一个决定性时刻，并引出了第二个决定性时刻（召开会议）。

（2）突破认知。会议是围绕马克改过自新的承诺展开的。对于他来说，这是有风险的——他虽然想要改变，但不确定自己能否改变。（说实话，他的同事们也将信将疑。）无论是否成功，他都会对自己做出新的认识。

让荣耀升级

（1）马克应该为召开这次会议而感到荣耀——为自己的错误承担责任，是需要勇气的。开完这次会议后，他便可以为日后的荣耀时刻铺设地基了。

（2）锻炼勇气。在请求同事们帮助他改正错误的时候，马克就意识到，让他们开口指正是很难的。想要当面说别人是浑蛋，是有难度的。想象一下，马克可不可以向同事提供一套批评用语："今天把大家召集到这里，是因为我希望从这一刻开始，我将不再是那个不听别人意见的浑蛋'老马克'，而是拿出'新马克'的样子来。我会尽自己最大的努力，但是如果你们遇到我重回'老马克'的做派，我真心希望你们能指出来。"这套用语为什么有效呢？回想一下玛丽·金泰尔关于人们遇到不道德行为时的反应的研究。她的观点是，表现勇气的难点不在于判断该做什么，而在于知道如何反应。出于这个原因，提前储存好应对方式，对于事到临头时的当机立断很重要。通过"老马克/新马克"这样的语言，马克是在帮助同事们事先储存好可以在他不小心"旧疾"复发时用到的应对方法。（感谢塔莎·尤里克给我们贡献这个灵感。）

（3）多设里程碑。如果马克定下这样一个目标：连续开 10 次会议不插嘴打断别人，并要求同事们予以监督。这样一来，他或许就能为这个紧张的背景添加一些乐趣，如果达到了目标，这将会是一个值得好好庆祝一番的时刻。

让连接升级

（1）加深感情。马克的会议是一个展现脆弱一面的绝佳案例，而展露脆弱则是搭建亲密关系的必要条件。看到马克放下了戒备，同事们便能够开始把他当成一个有瑕疵的人来看待，而不是将他视为一个纯粹的浑蛋。

（2）打造宝贵时刻。这场会议给大家提供了一个同步前进的时刻，所有的同事都齐聚一堂，共同见证这一刻。会议明确凸显了新旧之间的分界线，也凸显了马克许下的保证的严肃性。

最后的总结

在这个案例中需要注意的地方是，那些不受待见的领导者必须营造一个特殊的时刻。就像戈德史密斯所说的一样，一位领导者即便成功地改正了行为，也不一定能够解决在人际关系上遇到的问题，因为同事们不一定能注意到他 / 她的改变。而这个营造出来的时刻，则打造了一个“清零重启”的机会。

第一部分

欣喜时刻

第二部分

认知时刻

第三部分

荣耀时刻

第四部分

连接时刻

回想一下我们已经涉及的众多决定性时刻："签名日""反转婚礼""人性的审判"、纳什维尔快餐店静坐示威、CLTS 随地大小便干预行动，还有约翰迪尔公司的"第一日体验"。我们知道，这些时刻包含着欣喜、认知及荣耀。但除此之外，这些时刻也包含着沟通，它们之所以更让人记忆犹新，是因为有其他人在场。

连接时刻能够加深我们与他人的感情：你和对方虽然只认识了短短 24 个小时，但你已经将自己的一些藏在心底的秘密说了出来。你与他人一同经历了一场痛苦的体验，因此拥有了一段永不磨灭的情谊。你在婚姻中遇到了磕磕绊绊，但有一天，你的伴侣为你做了一件非常贴心的事情，让你无法想象自己还能再爱上其他任何人。

诚然，并非所有的连接时刻都是决定性时刻。想一想你上一次在工作中开小组会议时看过的 PPT 展示，我们估计，这并不是一个峰值级别的连接时刻。那么，那些能够加深情谊的时刻的特别之处又在哪里呢？我们该如何打造更多这样的时刻呢？

我们先会探讨组群关系：公司中努力探索目标的团队，聚集在一起参加神圣仪式的信徒，以及一起欢笑的朋友。（看完下一章内容，你再也不会以同样的眼光看待欢笑了。）组群中的成员之所以越来越亲密，是因为一个个打造出共同使命感的时刻（第十章）。

在第十一章里，我们将会探讨私人关系，还会涉及一位心理学家的研究结果，这位心理学家发现了能让丈夫与妻子、企业与客户、教师与家长，还有医生与病人等各种人际关系变得畅通无阻的“秘密配方”。另外，大家也会读到一些乍一眼看去不可思议的实例：利用一套精心设计的问题，陌生人在短短 45 分钟内就成了密友。

在这部分的最后一章，我们将会一起来研究那些将我们紧密联系在一起的难忘时刻。

第十章 共同使命感

夏普体验：给病人最棒的医疗保健体验

1998年的一天，索尼娅·罗兹带着她康复中的父亲离开了医院，原来，她的父亲因严重的胃出血住了8天院。索尼娅对挽救了父亲生命的医生和护士感激不尽，但即便如此，父亲的住院经历仍让她耿耿于怀。

她的父亲与一位陌生人挤在一间狭小的病房里。医院的医护人员在病房里进进出出，但往往并不说明自己的身份。索尼娅说："来人是医生还是护士？是送餐人员吗？还是来换洗床单的？我们一头雾水。"这些人很少会做自我介绍，更不会解释自己在做什么。

在康复期间，父亲跌了一跤，而这一跤原本是可以避免的。当时的他因为被大量输血而昏头涨脑，但一位医护人员却坚决要求他站起来。罗兹本来打算陪在父亲身边给他安慰，但谁料却不得不承担起他的保护者的角色："作为一位家属，我觉得我在那儿的职责就是保护父亲不受任何走进病房的人的侵害。我不得不问，'你是哪位？你手里拿的是什么？'"

医护人员的所有沟通几乎都缺少最基本的人情味儿。"他们把我的父亲当作一个年老体弱的病人一般对待……我想告诉他们：'他可是一位掌管着一家制造卫星的公司的物理学家！'"

这段经历对罗兹产生了巨大的影响，这不仅仅因为她是病人的女儿。罗兹是夏普健康医疗公司的一位高管，父亲入住的医院，就是由这家公司管理的。夏普健康医疗公司的广告大肆宣传病人能够享受高质量服务，更巧的是，广告中可供病人咨询与治疗的相关信息的热线电话就是由罗兹的团队负责接听的。在父亲的这段住院经历之后，罗兹心生疑惑：在夏普，我们真的做到言行一致了吗？

罗兹开始积极地推进病人体验的改善，不仅包括作为重中之重的医疗体验，还包括了服务体验。罗兹明白，解决了这个问题，"会对我接下来的职业起到决定性的作用"。

整整一年，罗兹的倡议并没有得到很多关注。最后，她和夏普的首席执行官迈克尔·墨菲召开了一次关键的会议。虽然墨菲的工作重点几乎都放在公司的财务方面，但直觉告诉他，罗兹是对的。于是，他全身心地投入夏普的改革工作。墨菲激励他的团队，让他们尽可能地多学习如何才能提供世界一流的服务。

从 2000 年秋季开始，在大约 8 个月内，一支包括墨菲和罗兹在内的高管团队一起到各处走访了服务行业中的"明星"机构：丽思卡尔顿酒店、迪士尼公司、通用电气公司，以及西南航空公司。

他们还向专家们取经：史图德集团①，以及作者詹姆斯·吉尔摩和约瑟夫·派恩（两人合著了《体验经济时代》这本影响深远的著作）。

出乎意料的是，从这些访问中，高管团队一次又一次地得出相同的结论：如果不先为员工提供美好的体验，他们就无法为病人提供美好的体验。与丽思卡尔顿酒店和西南航空公司这样的企业相比，夏普的“员工敬业指数”很低。

在刚开始调研的时候，墨菲和其他高管的关注点仅仅集中在病人身上，但现在，使命所涵盖的范围扩大了。大家一致同意，对夏普的愿景宣言进行更新：

转变医疗保健体验，使夏普：

- 成为员工工作的最佳场所
- 成为医生行医的最佳场所
- 成为病人治疗的最佳场所
- 并最终成为全宇宙最棒的医疗保健系统

高管们将这个愿景取名为“夏普体验”。如何才能让人们认真对待这一愿景，而不是将其视为一场昙花一现的“管理秀”呢？管理者们决定制造一场“噱头”，让包括墨菲在内的高管团队参观夏普的所有保健医疗机构，传播新的愿景。但是大家也意识到，实际考量需要一年。罗兹表示：“等到我们造访第 30 家机构的时候，第一家机构早已对愿景失去了信心。”

于是有人建议：为什么不把所有人召集在一起呢？

---

① 史图德集团（Studer Group）是一家致力于帮助医疗机构在临床结果和财务业绩上进行特殊改进的公司。——编者注

这个建议看起来很荒谬。夏普拥有 12 000 名员工，整个圣迭戈没有哪家宴会大厅能够承载这么多人。另外，员工们怎么也不能（为了探讨如何更好地为病人提供看护）暂时把病人的紧急需求放在一边。

即便如此，夏普团队仍坚持探讨，并终于得出了答案：夏普会在两天里分别举行三场会议，一方面能让圣迭戈会议中心轻松容纳参会员工，另一方面，确保夏普的所有医疗机构都有足够的主要医护人员上岗，以避免延误病人的治疗。[1]后勤工作的规模大得惊人：仅是巴士一项，他们就几乎调动了圣迭戈每一辆可用的出租大巴。（实际上，他们最后把洛杉矶，甚至远至亚利桑那州的大巴都调来了。）

2001 年 10 月 10 日，夏普举办了全员大会。会场门厅里挤满了乘坐巴士、电车、火车及船只赶来的夏普员工。在后台，墨菲紧张地踱来踱去。他说："我可不是喜欢站在大舞台上的人。"话虽如此，一旦站到台上，他便真挚而坦率地与大家分享起面临的挑战。

他说："这段新的路程需要我们付出勇气。之所以踏上新的旅程，是因为我们坚信，想要做到最好，我们就必须走这条路。"他鼓励团队重新燃起当初让他们投身于医疗保健事业的热情，重温目标。最重要的是，他激励大家采取行动，以主人翁的身份来完成这个使命："如果我们能把一个过程的四个步骤简化为一个步骤，那就将简化付诸行动吧！如果员工在改善工作方面有好的创意，那就去倾听他们的建议！如果有病人提出不满，那就把这个问题作为当务之急去解决！"

墨菲与大家分享了夏普体验的愿景：为员工打造最佳工作场所，为医生打造最佳行医场所，为病人打造最佳治疗场所——"并最终使其成为全宇宙最棒的医疗保健系统”。如此大胆的用词让一些员工笑出了声，但墨菲的这番话仍得到了大家的共鸣。一位参加全员大会的名叫凯西·罗登的护士表示：“我们大家都习惯了在周五下午收到一封电子邮件，从邮件中读到公司的变化。但是现在，墨菲却告诉大家，‘这是我们的愿景，希望大家能够成为这愿景的一部分，一起到达我们所期望的目的地’。这是一种崭新的思维方式，真正将大家凝聚到了一起。”

在墨菲演讲完毕之后，员工们可以自愿选择加入员工满意度、病人满意度，以及奖励和赞美等领域的 100 支“行动小分队”中的一支。大家的反响异常热烈：报名的员工达到了 1 600 人——自愿为达成公司的使命担负额外的工作。

罗兹说：“第一场会议结束后，大家热泪盈眶，拥抱击掌……即便是那些唱反调的人的眼睛里也噙着泪水。”一位原本对这场活动的价值心存疑虑的高管在会后告诉罗兹：这样的活动，我们每个季度都要办。

到第二年，他们果真又一次举办了全员大会，第三年也是如此——这场会议已然成了一项大受拥护的年度传统。

这场会议在夏普引发了一股热潮。在行动小分队的带动下，一时间，各个领域改革迭起。衡量标准出现了变化，公司政策出现了变化，作风习惯也出现了变化。以此为契机，病人的体验也开始出现了变化。夏普的医护人员挖掘出了不同的方法，目的是提供超凡的服务。

园林工人发现，一些病人无人探访或没有人送花，于是，他们就修剪玫瑰，将花朵插进一个小花瓶中，送到病人的房间。（他们把这个小小的仪式称作“送你一朵花”。）护工们受训接待病人、做自我介绍、说明自己的职位，从而解决了在父亲住院期间让罗兹感觉头疼的问题。在夏普科罗纳医院，病人在出院时会收到一块“用爱烘焙”的香蕉面包。回到家后，许多病人会惊喜地收到曾经照看他们的护工亲手写好的卡片，感恩病人对他们看护工作的配合。

在第一届全员大会后的5年中，无论是青少年，还是90岁高龄的老年人，夏普各家医院各年龄层住院病人的满意度评分在全美的百分比排名中实现了直线上升，[2]医生满意度提高到了80%，员工满意度上升了13%，人员流动率下降了14%，而净利润增加了5亿美元。2007年，夏普摘取了美国马可姆·波里奇国家质量奖，也就是由总统授予的针对企业品质和能力的全美最高殊荣。①

全员参与才会“万众一心”

这种转变是否在会议中心开会当天便得以实现了呢？远非如此。这场转变的实现，是经过了多年的酝酿和几千人的努力。但是，全员大会仍是拉开这次转变序幕的第一个决定性时刻。

---

① 在全员大会本应连续举办到第16届的2016年，大会因护士工会扬言要举行的罢工抗议而取消。最终，这场罢工并没有举行。对此，我们指出两点：a. 有一群抗议的护士举着“我们就是夏普体验”的横幅游行，他们的诉求之一便是提高工资，以此挽留那些他们认为能够最有效地提供夏普体验的资深护士。依照我们对这件事的评价，这场扬言要举行的罢工至多等同于一种无甚出彩的谈判伎俩，而不是对夏普在过去15年的转变进行重新思考。b. 有特殊意义的时刻是很珍贵的。如果有机会，我们当时一定会提议领导团队在可能爆发罢工的情况下仍然尽全力举行全员大会，就像有矛盾分歧的国家仍会在奥林匹克运动会上并肩作战一样，他们也应将大会作为一块神圣的领地和一个分享共同使命感的时刻。在病人的福祉面前，夏普内部再大的矛盾也应当被化解掉。

在这个时刻中，有一个我们在前文中没有讨论过的特征。在上一小节，我们发现，荣耀时刻是在我们脱颖而出的时候出现的。在获得成就或采取勇敢行动之后，我们会感到自己与众不同。但是对于一个团队来说，决定性时刻却出现在创造共同使命感的时候——凸显那个将我们融为一体、让我们超越分歧的共同使命的时候。这个时候，我们会有万众一心的感觉。

我们该如何才能设计出将团队紧密融为一体的时刻呢？夏普的领导者们用到了 3 种策略：打造统一步履的时刻，点明共有的难处，并赋予其意义。我们会一一来看这 3 条策略，探讨该如何将其运用到宗教信徒、救生员及清洁工等团体之中。

回想一下你上次在一群人中大笑是什么时候。你为什么会笑呢？原因很简单：因为有人说了好笑的事。

然而通常来说，这个看似明显的答案其实并不正确。研究者罗伯特·普罗文和 3 位助手一起在大学校园和城市街道上闲逛，偷听人们的谈话。当有人发笑的时候，他们便会把人们发笑之前听到的话记录下来。

普罗文发现，在引人发笑的语句中，可以勉强算得上好玩的只有不到 20%。与喜剧演员逗笑我们的“段子”不同，绝大多数引人发笑的都是“平实的对话”，比如：“看啊，安德鲁来了。”“你确定吗？”或是，“遇见你我也很高兴。”在记录下来的谈话中，最可笑的内容也不一定能让你发笑。其中两个最突出的例子是：“你不用喝酒，只用给我们付酒钱就行。”“你能不能找你的同类谈恋爱呀？”

那么，我们为什么会笑呢？普罗文发现，笑在社交环境中出现的概率要比在私人环境中高出 30 倍。笑是一种社会性反应。[3] 他总结道：“笑与人际关系的联系要比与幽默的联系更为紧密。”人之所以笑，是为了将一个群体联系在一起。我们的笑是在表明：我跟你意见一致，我们都属于这个集体。

在集体中，我们会不断地去分析集体中每个成员的反应及感受。我们的话语及目光都是一种社会性的声呐系统。你还在吗？你在听我说话吗？你的反应跟我一样吗？集体中的笑是一种相互传递积极信号的方式，是一种得到同步反应的途径。

让夏普的每一位员工在同一时间亲身参与全员大会（或是在确保病人得到看护的情况下，尽量朝这个理想效果靠近）之所以意义重大，就在于这种“同步”效果。索尼娅·罗兹说：“一个组织的规模之庞大，是无论如何也没法用一份备忘录来模拟的。当你的观众席中坐着 4 000 名每天为病人保健护理、疗愈病痛的医护工作者时，那种场面之震撼人心、之感人肺腑……大家身上的汗毛都竖了起来。这就是一场大家共享的体验。”

参与全员大会的员工们从那次体验中收到了一些重要的信息：这场会议很重要（我们的领导是不会为了无聊小事而把全市的大巴都租来的），这场会议是动真格的（当着 4 000 人的面说话，是不能出尔反尔的），我们大家团结一心（我的周围坐着一大群人，我们都是团队中的一员），我们做的事情是有意义的（我们再次投身到了为有需要的人服务的使命之中，这个使命，要比我们中的任何一个人都重要）。

就像夏普的全员大会一样，许多“峰值时刻”都是大家共享的社交时刻：婚礼、生日派对、退休庆典、基督教洗礼、节日庆典、毕业典礼、成人礼、演唱会及比赛等。或者，我们也可以拿政治集会及游行来举例——我们渴望人与人之间的沟通和互动，即便对方是陌生人。大家一起涌上街道，其实是在传递这样一个信息：这件事很重要，是实实在在发生着的。我们团结一心，我们做的事情意义重大。

然而，你所在的团体中的所谓“理性”呼声则会反对这种调动大家统一步履的活动。把大家统统召集起来太费钱，也太麻烦。我们就不能在网上开一次研讨会吗？把重点信息用电子邮件的形式发给大家不就行了？（回想一下那位夏普的护士说过的话：“我们大家都习惯了在周五下午收到一封电子邮件，从邮件中读到公司的变化。”）

对于日常的交流和合作而言，远程的沟通非常实用。但是，重大的时刻就需要大家共同亲身参与（没有谁会打电话参加婚礼或毕业典礼的）。人们的亲自到场，能够将抽象的创意转化为实实在在的社会性事件。

共同经历磨难的团队最有凝聚力

人类学家迪米特里斯·西亚加拉塔斯对两种仪式进行了研究，[4] 这两种仪式都是在毛里求斯开展的印度教大宝森节上举行的。其中，在较为舒缓的“低折磨度”的仪式中，教徒们会在一座印度教寺庙内外进行几个小时的祈祷和吟诵。而在“高折磨度”的仪式中，教徒们则会“用数根针和签子在身上穿孔，抬着沉重的竹架，或是用钩子将拖车穿在皮肤上拖拽 4 个多小时，然后再赤脚爬到山上的姆鲁甘神庙”。

活动之后，西亚加拉塔斯和他的团队给参与高低折磨度仪式的教徒们每人 200 卢布（大约等于两天工资）的报酬，让他们填写一份调查问卷。拿到这笔钱后，教徒们可以选择匿名为寺院捐钱。参加了低折磨度仪式的教徒平均每人捐献了81卢布，而参加了高折磨度仪式的教徒则慷慨得多，平均每人捐献了133卢布。然而，第三组人的做法更为有趣。这些人是“高折磨度仪式的旁观者”，也就是与忍受高度折磨的教徒们并肩而行，但没有亲历身体煎熬的人们。这群人比前两种人更加慷慨，每人平均捐献了161卢布（等于他们从回答问卷调查中所得报酬的80%）。

研究者们总结，亲眼见证的痛苦提高了“亲近社会行为”——为使他人受益而自愿采取的行动。他们的理论是，极端的仪式，尤其是对痛苦的共同体验，可以作为“将内团体[1]结合在一起的社会性手段”。

企业团队建设中的高空绳索训练则与这种非常极端的仪式截然相反，这种训练是通过模拟险境来激发团队成员的团结互助的。从表面上来看，这两种体验有着天壤之别：一种体验既可怕，又让人在心理上难以承受，而另一种体验则是一项神圣的宗教仪式。然而，两者有一个共同点，那就是折磨。

如果一群人能够很快团结在一起，那么成员们就很可能一起经历过折磨。在一项研究中，陌生人被要求一起完成一项痛苦的任务——将手伸进冰水中对物品进行“分类”，与将手伸进与室温相同的水中执行相同任务的人相比，前一组人感到了一股较强的联系。即便共同执行的任务毫无意义，这种联系感也会产生！

想象一下，为了完成一项有意义的任务而共同承受折磨的人之间会产生怎样的紧密联系吧：为了保护森林不被伐光而共同抗议的环保主义者，为了发放下一笔工资而省吃俭用的初创公司合伙创始

---

① 内团体，指具有共同利益、成员具有归属感的联系紧密的小圈子。——译者注

人，还有为了奉持信仰而身处偏远地区，每天都要忍受人们冷漠拒绝的传教士。

那么，我们从中能得到什么样的经验呢？是不是说我们应该为了打造决定性时刻而将困难强加于员工的身上呢？ 并非如此。但值得注意的是，在适当的条件下，人们会选择忍受磨难，而不是规避或抗拒磨难。所谓“适当的条件”是指：工作对于他们而言有意义，他们有一定的主动权，他们具有选择是否参与的权力。

在鼓励员工自愿加入改善病人体验的“工作小组”的过程中，夏普其实就是遵循了这些“适当的条件”：这项工作意义重大，也就是为病人提供更好的服务；团队拥有自主权，往往被委以权力，可以在某些领域里制定卫生保健体系条款；另外，参与是自愿的。而大家也的确选择了自愿加入：共有 1 600 人主动报了名。这是一大群愿意共同吃苦的人的一致行动。

如果你想要成为一个如钢筋水泥般坚不可摧的团队中的一员，那就共同承担起一项意义深远的艰巨任务吧。团队中的每一个人，都会将这段经历铭记终生。

使命感：引领激情，无往不胜

想要打造连接时刻，我们可以召集人们共同体验一个统一步履的时刻。比如，我们可以让大家共同承受一场有意义的磨难。最后一条策略的重点，就是用一个重大的使命将大家团结在一起。在许多企业中，电子邮件、会议、待办事项这些日常工作中的责任会让我们对工作意义的感知日渐麻木；而对于工作意义的认知，便是卓越之才与平庸之才之间的分水岭。

在新书《工作高手：高效人士如何有效工作》中，为了挖掘高效人士的工作秘诀，加州大学伯克利分校的教授莫滕·汉森对 5 000 名员工和管理人员进行了问卷调查。他在其中发现，17% 的员工对于“我所做的工作不仅仅是为了赚钱，还对社会有巨大的贡献”这句陈述选择了“完全同意”。这些有着强烈使命感的人，上级对其工作表现的排名也更靠前。

在研究中，汉森也探讨了使命感与激情之间的区别。[5] 所谓使命感，是指感觉到你为他人做出了贡献，以及你的工作具有重大意义，而激情则是指你对于工作所抱有的兴奋或热情。汉森想要知道，这二者中的哪一个会对于工作表现产生更大的影响。

他把员工分成几组。举例来说，激情及使命感都偏低的人，在工作中的表现被上级平均排在第 90 名（共 100 名）：

	高使命感	低使命感
高激情		
低激情		第 90 名

这种糟糕的表现并不出人意料：如果对工作毫无激情，又觉得工作缺少意义，那么你就不太可能有什么大的成就，而这个论述反过来说也成立——既有激情又有使命感的人，都会有不俗的表现：

	高使命感	低使命感
高激情	第 20 名	
低激情		第 90 名

这又是一个可预见的结果。然而，那些只具有较高的激情或是使命感的员工的表现又如何呢？激情充沛与踌躇满志的人相比，哪一种人的表现更加突出呢？我们先来看看有激情的人。

	高使命感	低使命感
高激情	第 20 名	第 80 名
低激情		第 90 名

这真是一个出人意料的结果：如果缺少使命感，即便对工作热情饱满、表现出充足的干劲儿，员工的表现仍然很差劲。这幅拼图的最后一块如下。

	高使命感	低使命感
高激情	第 20 名	第 80 名
低激情	第 36 名	第 90 名

结果一目了然。使命感比激情更有效。毕业典礼上的发言人请记住这一点：最棒的建议不是“跟着激情走”，而是“跟着使命感走”（如果能合二为一，那就更好了）。

激情属于个人，既能给我们带来动力，又能让我们处于孤立之境，因为每个人的激情毕竟有所不同。与之相反，使命感却是能够拿来分享的东西，足以成为一股将团队团结在一起的凝聚力。

我们该如何找寻使命感呢？耶鲁大学教授艾美·瑞思妮斯基对人们挖掘工作神秘感的方式进行了研究，她表示，许多人都认为自己必须要去寻找自己的使命，就好像使命是一个“存在于世界一角、等待被人发现的某种奇妙的实体”一样。[6] 她认为，使命不是被发掘出来的，而是被培养出来的。

企业领导者应当学会培养使命感，也就是将因追逐不同爱好而渐行渐远的人们团结在一起。认知时刻和连接时刻能够培养使命感。我们来看看沃顿商学院的亚当·格兰特对救生员进行的一项研究。[7] 在美国中西部的一家社区休闲中心，格兰特将 32 名受雇于此的救生员分成两组。“个人受益小组”的救生员阅读了四篇故事，故事描述的是其他救生员如何通过从这份工作中打磨出的技能而在今后的人生中获益，而“使命小组”则阅读了四篇关于其他救生员如何挽救溺水者的故事。

两个小组的表现简直判若云泥。在这次实验后的几周里，“使命小组”的救生员们自愿承担的工作小时数要比另一组多出了43%。他们读到的故事，燃起了他们对工作的兴趣。

不仅如此，在接下来的几周中，研究人员还让不知哪组救生员读了哪组故事的主管对大家的“助人行为”做出评价。这里所说的助人行为，是指“为了让他人受益而自愿采取的行动”。“使命小组”的助人行为增加了21%。然而，“个人受益小组”的助人行为和工作时间都没有增加。

请注意，两组救生员在行为上的差别源于这短短的30分钟，在这段时间里，救生员们只是阅读了四段故事并进行了讨论而已——真是一个不起眼的“决定性时刻”。但是，这个时刻的影响力却是实实在在的。我们将这项干预实验中的策略叫作“与意义连接”，也就是寻找途径，让人们回想起自己的使命所在。

在其他领域中所用到的类似的干预法也很有效。如果放射科医生在用X射线（爱克斯射线）扫描病人时看到病人的照片，他们的扫描原始数据和精准度都会得到提升。与控制组相比，拼装手术器械套件的护士与使用这些套件的护工见面后，不仅工作时间拉长了64%，错误率也下降了15%——赋予意义的重要性可见一斑。[8]

挽救生命或服务病人并非人人都能有的经历。有的时候，使命或许并不这么触手可及。那么，对于市场宣传团队、服务器管理人员或是人力资源部的员工福利团队而言，指导性的“使命”又是什么呢？

当然，这些团队都有自己的使命。有的时候，经常提问“为什么”不失为一个有用的策略。你为什么要做现在所做的事情呢？想要触及意义一层，有时需要连问几个“为什么”。比如，我们来看医院一位清洁工的例子：

- 你为什么要打扫医院房间？“因为这是我的上司给我布置的任务。”
- 为什么？“因为我的工作能维持房间不变脏。”
- 这一点为什么重要？“因为这会让房间变得更干净，更怡人。”
- 这一点为什么重要？“因为这会让病人们舒适而快乐。”

触及贡献一层的时候，你就触及了问题的核心。你的工作让谁受益？你是如何对他们做出贡献的？这位清洁工对病人的健康和快乐做出了贡献，市场宣传团队或许会增加实地销售团队人员的自信心和成功率，而员工福利团队或许能为同事们的经济稳定做出贡献，也能帮助他们安心生活和工作。

了解自己最终所做的贡献是什么，你便能够脱开待办清单的束缚。比如，医院清洁工的待办清单就很具体：扫地、拖地、擦洗、消毒，并重复以上工作。但是，了解这项工作的意义所在，你就有了创新和自主的空间。艾美·瑞思妮斯基研究的一位医院清洁工，会主动和每一位看上去渴望与人交流的病人寒暄几句。[9] 他意识到，许多病人都没有聊天的对象。而这就是他工作的使命。他的任务清单上虽然没有“帮病人赶走孤独感”这一项，但这件事却让他对病人的健康和快乐做出了更大的贡献。

使命感能够激发“超越日常工作”的行动。就如我们所看到的那样，夏普的员工们一旦重拾了工作的意义，便开始突破职务陈述的条条框框，为病人创造一段段美好的体验。有一位癌症患者已经进行了五六次化疗，但身体一直没有好转的迹象。她想要给她怀孕的儿媳举办一场未来宝宝的庆祝派对，但她知道，她在宝宝诞生之前是不可能出院了。因此，医院工作人员便为她在医院里举行了派对。[10] 他们为这位病人预留了一片绿植花园，鼓励她随自己的喜好对这片空间进行装点和打理。

夏普纪念医院的急诊医护主管德博拉·巴伦斯说：“儿媳对婆婆的最后一段记忆，便是婆婆在临终时还不忘为她即将出生的孩子举行一场筹划已久的派对。”

对于病人来说，这的确是一段刻骨铭心的记忆，但是，想一想这段经历对于为这场派对提供条件的医院工作人员来说意味着什么吧。从医院下班回家的他们虽然精疲力竭，心中却很充实——今天，我们做了一件意义非凡的事情。

这就是一个包含着共同使命感的时刻。这个时刻不仅让人们因个人的成就感到自豪，还让他们因为投身于比自己更加伟大的使命之中，而产生了一种彼此连接的归属感。

在圣迭戈的全员大会后，在办公室与同事们共同欢笑后，在毛里求斯的宗教仪式后，在绿植花园的那场庆生派对后，人们意识到自己所做的事情急迫而有意义，比每一个孤立的个人都更加重要，由此，大家紧密地团结在了一起。

第十一章 加深感情

家访拯救了美国最差的学校

华盛顿特区的斯坦顿小学是一所糟糕的学校。“这是全美最差的一个街区里最差的一所小学，因此，整个美国最差的学校说不定非它莫属了。”说这话的，是专注于教育事业的弗雷博伊安基金会的前执行董事苏珊·史蒂文森。

2010 年，这所学校的情况一片狼藉，街区决定对学校进行“全面整改”，开除校长和管理团队，一切重新开始。当年 6 月，28 岁的卡莉·约翰·费舍罗被任命领导这次整改。[1]

走在学校的走廊中，所见触目惊心：密不透风的煤渣砖墙，巨大而厚重的门，窗户上装着防护网，令人压抑的楼梯，昏暗的照明设施，处处都是难看的黄色油漆印，那色调就像满口黄牙一般。一位被费舍罗雇来的教师说：“这场景完全没有学校的样子，倒是让我想起了一段悲伤压抑的孤儿院故事。”

整改工作需要暂时搁置，当务之急是要打理街区刚刚接管学校工作后留下的烂摊子。斯坦顿的管理权被交给了管理特许学校的机构“学者学会”，而这个决定直到学年快结束时才宣布。通知下得如此之晚，也没怎么参考家长的意见，这让许多家长都恼羞成怒，教师们也因工作受到威胁而又惊又气。

费舍罗理解大家的怨怒，但没有时间去安抚大家的不满，因为她要立刻定夺员工的去留问题。在学年的最后一周，她的团队对所有在斯坦顿工作的教职员工进行了采访。费舍罗说，经常有孩子“摇晃书架，互相叫骂，抬起椅子威胁要往其他孩子身上扔”，把在校图书馆进行的采访扰得鸡犬不宁。

最终，学校新建成的领导队伍中只留下了 49 名员工中的 9 个人。新员工一上岗，团队便对压抑的学校环境进行了整治：把污渍刮洗干净，为得到更好的收声效果而将天花板拉低，将走廊里的灯增加了一倍，四处悬挂各大院校的校旗和励志的标语，并新刷了一层开利绿净漆。

2010 年秋季开学第一天，当斯坦顿的学生们踏入大门时，他们就像走入了一间全新的校舍一般。学校的校长是新的，教职员工是新的，课程安排是新的，油漆也是新的。费舍罗和她的团队很自信，在短短一年里，他们就能为学生们带来巨大的改变。

然而在开课后不久，他们就意识到转变的难度有多大了。开学的第一周，费舍罗就学到了“擅自旷课”这个指代未经批准就私自离开教室的行为的新词。旷课行为已成了斯坦顿的“流行病”。学校的许多教室都像西式酒馆一样有两扇旋转门，费舍罗说：“孩子们会从一扇门走出去，再从另一扇门走进来。他们整天就在教室里进进出出……一会儿到走廊中，一会儿到黑暗的楼梯间，一会儿跑到食堂，一会儿又来到体育馆……”

员工们对学校的乱象束手无策。第一年中，学校下达的停学处分次数达到了令人瞠目的 321 次，其中很多停学处分针对的都是同一群行为败坏的学生。在所有学生里，有 28% 的人被归为“旷课学生”，也就是说，他们毫无理由地旷课累计超过了 10 天。

费舍罗表示：“这一年真是可怕，就像是在战壕里一样，感觉就像在打仗。”他们的计划统统没能奏效。就如一位旁观者对斯坦顿的评论一样，在 2010—2011 学年里，“这所学校从‘糟糕透顶’堕落到了‘更糟糕’”。学年进行到一半的时候，费舍罗从楼梯上跌了下来，把腿摔坏了。

她表示：“到春天的时候，我们到了什么都愿意尝试的地步。我们急切地要拿出一些不同的措施来。跌到谷底的时候，你会用开放的心态看待一切的想法。”

在寻找解决方案的过程中，费舍罗遇到了专注于改善学校工作的弗雷博伊安家族基金的一位工作人员。费雷博伊安基金会以关注“全家共同参与”而著称，他们鼓励家长在孩子的教育中扮演更加积极的角色，并给予更多的支持。费舍罗明白，这是斯坦顿小学的一个薄弱环节。她说：“你可以重新刷漆、安装电灯、挂起校旗，也可以引进优秀的团队，但是如果你对自己所服务的人群没有信任，那么一切都是白费。”

在华盛顿特区的学校体系中，父母与教师之间长久以来就互相不信任。基金会时任总裁的苏珊·史蒂文森与这个街区的 150 个家庭进行了焦点小组访谈，她表示：“我们得到的结果让人很是心寒。”家长们觉得教师既不起作用，又对工作漠不关心，只是想着领薪水。许多家长自己也出身于华盛顿特区的公立学校，他们对自己的教育体验往往也满口怨言。

教师们却觉得父母对教育并不重视。他们很少参加学校的活动，让他们为自己的孩子出席一场家长会也很难。（然而，家长们的结论却与之完全相反。在他们眼中，教师们对他们的孩子不闻不问，因此，不值得他们抽时间参加活动或家长会。）

史蒂文森听说加利福尼亚州萨克拉门托有一套方案，专门刺激家长多多参与孩子们的教育。这套方案的初期测试结果看起来很有前景，她想要在特区几所学校中进行试点。费舍罗说："我们几乎是求着弗雷博伊安把我们选为试点学校的。"

那个学年末，费舍罗将教职人员组织在一起，听取这套方案的实施方法。她心里并没有底："到那个节点上，我的员工们全都已经精疲力竭、神劳形瘁。在周四晚上举行两小时的培训……我心里嘀咕，这场培训说什么也不会顺利的。"

在培训会上，基金会的顾问向大家揭示了这套计划的核心活动：一次"家庭访问"。也就是说，教师们要在下一个学年开始之前拜访家长，一起探讨孩子的教育情况。

所谓"家庭访问"，对于教师来说并不陌生。比如，有许多特许学校就要求教师进行家访。但是，这些家访的目的往往是让家长签订一纸"协议"，保证通过某种方式为孩子提供支持。

而弗雷博伊安基金会的家访方式却大有不同。教师们不能带任何文件进行家访，家长不必签订协议，也不用阅读任何信息。教师的任务就是提出问题并听取答案。这些问题已经事先帮他们写好了：

"告诉我，你的孩子在学校的体验如何，告诉我，你对学校的看法是怎样的。"

“告诉我，你对孩子的未来有什么期望和梦想。”

“你想让孩子将来做什么呢？”

“我该怎样才能帮助你的孩子更有效地学习呢？”

那场培训会上有一位叫作梅丽莎·布莱恩特的四年级数学教师，她说：“我的第一反应就是，‘这纯属胡扯’。”在来到斯坦顿小学之前，布莱恩特在南费城区、哈林区、贝德福德–斯图文森区这些贫民区都有过教书经验，在她看来，一次家访难有什么效果。

之后，两位家长站出来发言。这两位家长是弗雷博伊安基金会安排从萨克拉门托飞过来的，作为在萨克拉门托施行的计划的一部分，教师们到这两位家长的家中进行了访问。他们讨论了家访对于他们的意义所在：这是第一次有人问及他们自己对孩子抱有什么样的期望。学校有人上门的时候，通常是让他们填表格、探讨孩子的违纪问题，或是让他们抽时间做志愿工作。但这次的家访却不一样——这一次，教师坐在他们家的沙发上，聆听他们的心声。

听完家长们的发言后，布莱恩特的态度发生了转变。她说：“我们声称自己重视家长的心声，但从未真正去聆听他们说些什么。这个觉悟让我直起鸡皮疙瘩。我心想，天哪，我们真该多付出一点儿。”

弗雷博伊安基金会的研究表明，家访对于团结家长非常有效，也能继而改善学生的表现。费舍罗表示：“会议室中有如劈过一道闪电一般。我们心想，这一招说不定能取得巨大的反响，而且，这是我们能做到的。”

共有15名教师同意在那年夏天进行家访。刚开始的进展非常缓慢，因为家长们起初还抱有怀疑的态度。然而在此之后，对于家访的积极呼声开始在社区中传播开来。布莱恩特表示：“家长们都希望接受家访。他们会说，‘教师去你家家访了吗？他们来我家了’。”一位教师竟然还被一位因为还没有受到家访而满心焦虑的家长在街上拦了下来。

2011 年秋季开学第一天，斯坦顿小学的气氛明显与以前不同了。比如，很多学生已经知道新教师长什么样，也知道他们的名字了，因为学生已经在自家的客厅里见到了正在跟母亲交谈的教师。一天，食堂里发生的一场意外导致约 100 名学生不得不在楼梯间排队等候。如果放在一年前，这场面一定是一片喧嚣。但是那一次，学生们既安静，又守序。

费舍罗说：“眨眼之间，我们的学校终于有了学校的感觉，我真不敢相信这一招如此见效。”

最令人瞠目的瞬间，发生在学年开始后一个月的一年一度的“返校会”上。家长被邀请到学校，与孩子的教师见面，并参观孩子们的教室。布莱恩特说，通常来说，家长的参与情况非常惨淡。“每一年的这个活动，其实就是一次打扫屋子的机会而已，不只是斯坦顿小学，在我工作过的每一所学校都是如此。除了每年都会来的三位家长之外，没有其他家长到学校来，而你已经跟这些家长把该说的话都说完了，因为他们三位什么活动都会参与。”

2010 年，只有 25% 的家长参与了“返校会”。而到 2011 年，对家访的力量自信满满的员工们在学校礼堂里摆好了 50 把椅子。

“返校会”开始前的 15 分钟，50 把椅子就坐满了。因此，员工们又添加了 100 把椅子。他们没有想到，在 10 分钟里，这 100 把椅子也坐满了。在此之前，学校的教职员工一直坐着，后来，他们不得不站起身来为家长腾出位置。当费舍罗站上舞台欢迎大家到来的时候，礼堂中挤得只剩下站人的空间了。那一天，共有 200 多名家长来到了学校！

布莱恩特说：“一时间，我们大家面面相觑，感觉自己来到了《迷离境界》中的异次元世界。”

令人惊喜的时刻接踵而至。家长会的出席率从上一年的 12% 激增到 2011—2012 学年的 73%。学生的擅自旷课率从 28% 降低到了 11%，学习成绩也出现了好转：在华盛顿特区中小学生受教育水平综合考试（CAS）中，阅读成绩达到“精通”水平的学生人数从 9% 翻至 18%，而在数学考试中达到“精通”水平的学生则从 9% 翻了三倍多，达到了 28%。停学处分则从 321 次下降到 24 次，基本上已经被完全清除了。

这项家庭共同参与计划并非昙花一现，反倒随着时间推移而变得更有影响力了。年复一年，成果不断累积：家访次数越来越多，家长参与的积极性越来越高，学生的表现越来越好，考试成绩也越来越优异。到 2013—2014 学年，斯坦顿小学在受教育水平综合考试中达到阅读“精通”水平的人数占比达到了 28%，达到数学“精通”水平的人数占比则攀升到了 38%。

华盛顿特区的一位典型的小学三年级学生平均每天在学校度过约 7 个小时，一年约有 180 天的上学日，因此总共是 1260 个小时。按理说，一场时长为一个小时的家访的作用可谓杯水车薪。然而，这个小时产生的影响却波及整个学年。这就是决定性时刻的威力。

一场微不足道的干预，何以会有如此显著的效果呢？我们习惯于以时间长短来考量人际关系：关系维持的时间越长，就一定会发展得更稳固。但是，人际关系并不是遵循着稳定而可预见的步伐发展的。没有人能确保人际关系会随着时间的推进而愈加深厚。如果你和你的舅舅每年都在感恩节上一成不变地寒暄几句，那么 10 年之后，你自然不会感觉跟他变得更为亲近。相反，你有没有遇到过一个让你一瞬间就感觉喜欢且信任的人呢？

我们接下来将会读到，如果能够营造出对的时刻，人际关系便能瞬间出现转机。斯坦顿小学的事例就是如此，而工作和家庭中的其他人际关系亦然。

那么，为什么某些时刻能够让我们与他人的感情变得更加深厚呢？

给予回应让情感更坚固

上一小节最后的问题便是社会心理学家哈利 · T. 赖斯倾尽职业生涯研究的谜题。2007 年，他发表了一篇名为《情感科学成熟之步骤》的论文。这篇标题不起眼的论文，实际上是一次攀登学术高峰的尝试。

赖斯向他的研究者同事提出挑战，启发大家找出一个能够用来揭秘人际关系的通用理论。为什么有些感情能天长地久，有的却经不起考验？为什么我们与有些人能日渐亲密，而与另一些人却不然？简而言之，到底什么才是成功人际关系的“路线图”呢？

赖斯向参与研究的人员介绍了情感科学的“核心组织原理”——一套能够将大量零散无序的研究文献归纳在一起的概念。这套概念可以用一句话来概括：当我们感知伴侣对我们有所回应的时候，我们的感情也就会更加坚固（常用的说法是“感知伴侣回应”）。

所谓“回应”，包含三个因素。[2]

1. 理解：我的另一半理解我对自己的认识，也明白我重视什么。
2. 肯定：我的另一半尊重我的身份，也尊重我的需求。
3. 关心：我的另一半会积极支持我，帮助我满足需求。

请注意其中有多少因素涉及协调二字。我们希望伴侣眼中的我们与我们眼中的自己是一致的，也希望伴侣能够接受我们，帮助我们实现自己的愿望。老实说，这想法极其自私，全都是我！我！我！但是，这种自私是相互的，因为我们的伴侣也抱有同样的想法。

那么，所谓的“不回应”又是什么样子的呢？精疲力竭的你走进门，而伴侣却全然不知（即不理解）；当你描述新的兴趣爱好的时候，你的伴侣却摆出一副不感兴趣或不以为然的样子（即不肯定）；一个拥抱或一句慰藉本来能让情况大有好转，但伴侣却对你冷面相待（即不关心）。不回应的态度会侵蚀感情，剥夺我们的独特性，让我们感觉自己没有被当作特殊个体看待。①

研究表明，给予回应能够让婴儿体会到安全感，也能够让孩子感到获得了支持；给予回应能让人们更加喜爱朋友，也能让伴侣之间的关系更加亲密。给予回应涉及归属感、自尊心、心理健康及一大堆积极正面的元素（给予回应甚至能够稳定日间皮质醇的释放量，[3]“日间皮质醇”听起来虽然像是《哈利·波特》中的魔咒，但

① 想要多找一个关于不回应的例子，你只需看看你家十几岁的孩子就行了。对于你说的话，你的孩子要么充耳不闻，要么就仿佛怎么也无法把你的明确指示转化为相应的行动（不理解）。你想要把自己的要求阐释清楚，但你的孩子却不屑地翻白眼（不肯定）。一句“好的，明白了”本可以了事，但你的孩子却扔下一句“随你便！”（这句“随你便”，等于把一切都给否认了。）

实际上是一种压力激素）。

因此，斯坦顿小学的家访活动为何会如此有效，答案显而易见：因为这些家访是一种回应。让我们再来看看教师们对家长提出的 4 个问题：

“告诉我，你的孩子在学校的体验如何，告诉我，你对学校的看法是怎样的。”（理解）

“告诉我，你对孩子的未来有什么期望和梦想。”（肯定）

“你想让孩子将来做什么呢？”（肯定）

“我该怎样才能帮助你的孩子更有效地学习呢？”（关心）

不要忘了，弗雷博伊安基金会是严禁教师们携带文件进行家访的。个中原因，现在已经一目了然：千篇一律的文件缺少人情味——给你，这是我们见人就发的小册子。贴心的回应与千篇一律的章程是水火不容的。

赖斯认为能够将“给予回应”这个概念应用于广泛的范围，他是正确的。盖洛普咨询公司已经列举了一系列问题，用来衡量企业中的员工对于工作的满意度。他们发现，这些问题几乎涵盖了一位典型的经理所关心的所有目标：员工对工作的投入、留职率、效率，以及绩效，甚至包括公司客户的满意度。根据盖洛普咨询公司的研究，最能说明问题的，是下文中的6个问题。[4]请注意最后3项：赖斯本人也很可能问出相同的问题来。

1. 我明白自己在工作中的职责吗？
2. 我拥有合格完成工作所需的材料和工具吗？
3. 我有没有在日常工作中施展自己长项的机会？
4. 在过去的 7 天里，我有没有因工作做得好而受到认可或

赞扬？（肯定）

5. 我的上司或同事对我这个人关心吗？（关心）

6. 工作中有鼓励我成长进步的人吗？（理解，关心）

还记得基思·赖辛格吗？那位辅导鲍勃·休斯更好地倾听客户心声，而后又为庆贺他的进步而颁发给他一对Bose耳机的销售经理。基思是一位懂得积极回应的管理者。他关注自己的团队成员，投入时间帮助他们，也对他们的成绩表示认可。就如盖洛普研究结果显示的一样，给予回应在工作和家庭生活中同样重要。

这套理论在卫生保健系统中同样具有重要意义。积极回应已逐渐成为病人看护过程中必要的组成部分。全球各地的卫生健康机构（比如上一章中的夏普公司），都将为病人提供更加礼貌周到的服务放在了首要位置。

美国医疗改进学院（IHI）是一家非营利性组织，这家组织通过减少医院失误与感染来挽救生命，也因此为大家所熟知。近些年来，这家组织也促进了以病人为本的医护方式的普及。学院的前首席执行官莫琳·比索格纳诺对这个议题有着切身体验。在9个兄妹中排行老大的比索格纳诺，有一位叫作约翰尼的弟弟。[5]约翰尼既帅气又聪明，十几岁的时候，曾在业余时间为波士顿凯尔特人队做球童，他非常喜爱这份工作。

17岁的时候，约翰尼被诊断患有霍奇金淋巴瘤。疾病很快恶化，几年之中，约翰尼频繁入院。莫琳经常会去看望弟弟，她记得，弟弟的病房里常有一大群医生进进出出。她说："医生们会居高临下地和他说话，也会讨论他的情况，但几乎从来不会与他平等交谈。"

20 岁的时候，约翰尼的病恶化到了晚期。他来到莫琳居住的公寓，对她说："我挺不过去了。"莫琳不知道该说些什么或做些什么，她说："弟弟已经做好了面对死亡的准备，但我还没有。"

在那个临终关怀疗法尚未普及的年代，即便是将死的病人也会受到侵入式治疗（或者说，将死的病人更会受到侵入式治疗）。约翰尼在病房的绝大多数时间都要接受监控，还要受到满心好意但不懂如何给予回应的护理者的探查和诊疗，他们从来也没有询问过约翰尼本人的看法。

直到有一天，皮特·本格·布莱根医院（现被称为布莱根妇女医院）的一位医生来病房探望约翰尼。当时，莫琳正坐在约翰尼的床边。那位医生将脸转向约翰尼，问道："约翰尼，你想做什么？"

约翰尼回答说："我想回家。"

接下来发生的事情是莫琳始料未及的。那位医生让莫琳把大衣给他，他接过大衣，披在约翰尼的身上，然后把约翰尼从医院的病床上抱起来，送到了莫琳的车上。

约翰尼回到了自己的家，在最疼爱自己的亲人们的陪伴下度过了生命中最后的岁月。21 岁生日几天之后，约翰尼离开了人世。

几十年后，莫琳·比索格纳诺在《新英格兰医学杂志》上读到了一篇文章，勾起了她对弟弟那段经历的回忆。文章的作者迈克尔·J. 巴里和苏珊·埃奇曼－莱维坦写道："临床医生也必须逐渐摆脱家长式的唯一权威的角色，要通过训练成为更加称职的教练或是伙伴——换句话说，就是要学习在提问'你有什么不舒服'的同时，也提问'你有什么愿望'。"

"你有什么愿望"，这个问题如一道闪电一般，让比索格纳诺恍然大悟。从本质上来说，这就是那位体贴的医生当天向弟弟提出的问题。现在的她也意识到，这个问题同时也触及了以病人为本的护理方式的核心。在面向千百名护理人员的演讲中，她请求大家“不要问病人‘你有什么不舒服’，而要问‘你有什么愿望’”，以此启发大家更多地给予病人体恤和回应。

这个问题很快就在许多医生和护士之间流传开来。听完比索格纳诺 2014 年在巴黎的一次演讲之后，来自苏格兰一家儿科诊所的护士詹·罗杰斯带着这个问题回到了工作中。她将图画纸和马克笔发给病房里的孩子们，鼓励他们在标题为“我有什么愿望”的纸上画画。

其中，有一位刚刚因为做手术住进病房的叫作肯德拉的 7 岁孩子。肯德拉患有自闭症，从来没有说过一个字。[6] 她的父亲陪在她身边，协助她与医护人员进行交流。

然而，肯德拉住院不到 24 小时，父亲便疑似心脏病突发。他立即被送到了另外一家医院，留下不会自我表达的肯德拉孤零零一人住在医院。

但是，肯德拉还是完成了“我有什么愿望”那幅画，而这也打开了通往她内心世界的一扇大门。她写道：“我的名字叫肯德拉。我有自闭症。我不会说话，就算身上疼，我也不会说。我不喜欢吃药，小心点儿，我会挣扎的。我喜欢摸别人的头发，这是我和你打招呼的方式。”（她的画请见下图，阅读时请顺着箭头指示，从左上方开始。）

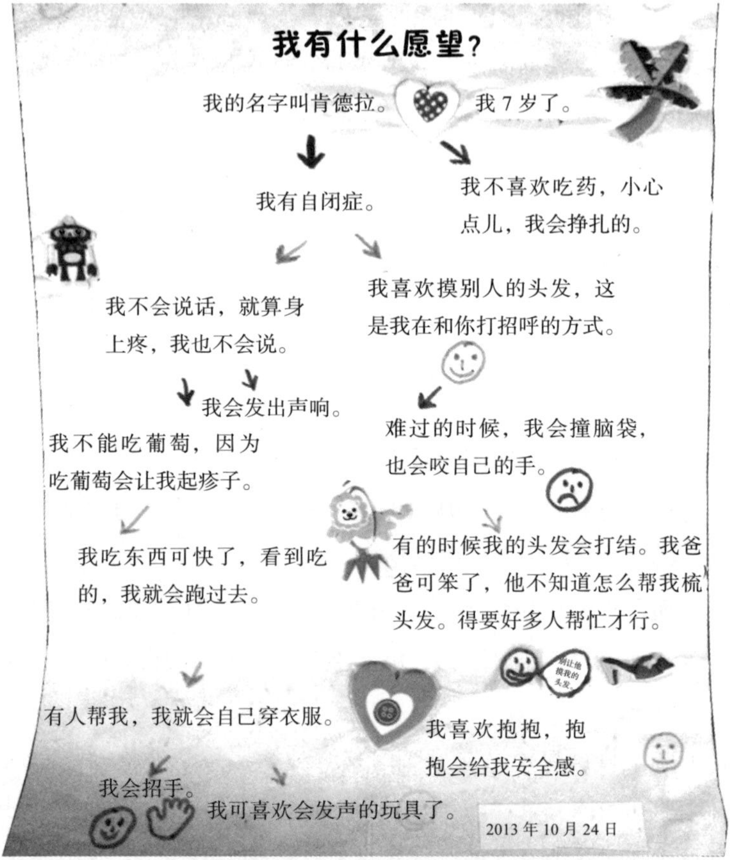

她的护士们用这幅画作为她的护理指南。罗杰斯说，如果少了这幅画，护士们很容易会误解肯德拉的行为。想象一下，与一位爱抓别人头发、吃药时挣扎反抗的难以读懂其内心活动的孩子打交道是什么感受——她可能会被贴上好斗的标签，可能会被禁闭在自己的屋里，从而导致她产生更多的焦虑。

肯德拉的父亲很快恢复了过来，几天之后就与女儿团聚了。在这几天里，护士们在照看肯德拉时也特别满足了她的要求。他们给她安抚（“我喜欢抱抱，抱抱会给我安全感。”），知道她不喜欢口服药，因此选择了尽量避免开药，他们跟她击掌，不仅让她摸头发，还帮她梳头。（“我爸爸可笨了，他不知道怎么帮我梳头发。”）“你有什么愿望”这样一个简单的问题，让大家的关系彻底地改变了。

罗杰斯说，肯德拉的事例让她的一些将信将疑的同事认识到，这是一个值得向每一位病人提出的问题。时至今日，“你有什么愿望”的画画活动已经成了苏格兰每家医院的儿童病房的一项规范流程。

由于莫琳·比索格纳诺和美国医疗改进学院的倡导，这个贴心的问题已经被世界各地的医生和护士们所采纳。就像我们在斯坦顿小学的家访例子中所看到的一样，在正确的时机里，人际关系能够瞬间出现转机。

你来我往：亲密关系的魔法

在护理人员与病人之间这种牵扯丰富感情的复杂关系中，给予回应非常重要，而在较为平淡的日常交流中，给予回应也仍然扮演着重要的角色。比如，当我们被糟糕的服务激怒的时候，原因十之八九都是对方没有给予回应：你在饭店餐桌旁坐了 10 分钟，却没有一个人注意到你；你从来没有买过汽车保险，但租车柜台的工作人员却问你要不要再多买一份保险；你已经在电话机旁等待多时，当销售代表终于接起你的电话时，却非要让你验明身份。

给大家讲一件很让我们俩气恼的事：我们经常要订机票，而且一直都按时长排列搜索结果（我们想订飞行时间最短的班机）。在大约 20 年里，我们一直都选择按时长来排列搜索结果。但是，竟然没有一家旅游网站将我们的偏好记载下来。几个月前，奇普不小心错点了一个凯蒂猫的链接，时至今日，他仍然会在网上被可爱的猫咪行李箱广告四处轰炸。为什么互联网会对广告点击历史记忆犹新，但视我们真正在意的东西如过眼云烟呢？

很明显，这一连串恼人的事情背后的联系，就是理解、肯定和关心的缺乏。大家都不愿意受到冷漠的对待，这就像是被告知：你并不特殊，你只是个数字而已。

商业调研与分析公司 CEB 的分析师研究了消费者拨打的客服电话及事后给出的评分。让他们感到意外的是，消费者的评分中只有一半是基于刚才打过的电话给出的。另一半的评分，反映的是消费者之前受到的对待。（比如，如果一位消费者为了解决一个问题已经拨打过 6 次电话，那么在第 7 次打电话时，即便问题处理得再漂亮也无济于事了。）

CEB 团队将消费者对于之前所受对待的回忆称作他们的“包袱”。绝大多数客服中心接线员的直觉都是规避消费者的包袱。如果从通话记录上看到这位消费者已经被四处推诿了一大圈，他们是不会提起这个话题的。何必提起这个话题呢？在他们看来，这样做无益于往人家的伤口上撒盐，还不如尽快把问题解决呢。

因此，CEB 公司对于“处理包袱”的艺术进行了一系列研究。[7] 在一个客服中心，研究人员随意安排一批接线员对消费者的包袱不予理睬，又随意安排另一批接线员提起这段经历。举例来说，我们假设一位消费者因为新买的平板电脑的电池问题打了好几次电话。让我们来比较一下接线员们的不同回应。

忽略包袱的 1 号接线员：感谢您购买我们的产品。我知道您的电池出了问题。第一步，我们先点开平板电脑上的“设定”选项，确认一下您没有开启任何可能导致电量比正常流失速度更快的功能。

提及包袱的2号接线员：感谢您购买我们的产品。我知道您的电池出了问题……嗯，根据我们的通话记录，我看到您已经拨打过几次电话了，对吗？好的，谢谢您。您能否告诉我您已经试过的方法，哪些方法对保留电量有效、哪些没有效果？这样我们就可以在这个基础上处理问题，而不用把您试过的方法再重复一次了。

提及包袱实际上就是在予以回应：这说明接线员理解消费者对过去经历的不满，也对此给予了确认。这种做法对于热线服务产生了巨大的影响：消费者对于2号接线员服务质量的评价几乎比对于1号接线员的评价高出了一倍，而他们感觉为解决问题所付出的精力一下子少了84%。

在这篇关于给予回应的具有里程碑意义的论文中，哈利·T. 赖斯本意是要阐述情感中的“核心组织原理”。他原本关注的，是探讨让人际关系变得更加坚固的条件。但是，我们发现了这条原理更为广泛的用途：不仅能够用它来阐释让双方在婚姻关系中更加幸福的原因，还让我们找到了让员工感觉受到注意和重视、让病人感觉在治疗中受到了尊敬，以及让消费者通过一通服务热线便得到满足的“秘方”。

想要打造更多的连接时刻，我们就必须多给对方一些回应。

给予回应并不一定能够拉近彼此的距离。说到底，提及包袱的接线员虽然给予了回应，但在通话结束时，双方并没有洒泪道别。然而，如果将给予回应与敞开心扉搭配在一起，彼此的距离就能很快拉近了。

具体流程如下：一方先分享一件事情，等待看另一方是否也会分享一件事情作为回应。如果对方给出了回应，这便是一种理解、肯定及关心的表示：我听到了你说的话，我理解并接受你所说的，另外，出于关心，我也分享了一些我的私事。就像是飞机上一位还没等你说两句话就戴上耳机的邻座一般，不予回应的同伴切断了互动，让关系冻结成冰。

想要扭转形势，方法往往非常简单。在一个公交车站进行的一项实验中，[8]一位研究者用两句事先编排好的话中的一句来向陌生人打招呼，其中“低亲密度”的一句话是：“哎，我今天可算是忙完了，你呢？”

而“高亲密度”的一句则让我们看到，想要发起一场你来我往的谈话是多么容易。想要达到这个效果，研究者只用说：“今天终于忙完了，太高兴了，我可真是忙坏了。你呢？”这就是所谓的高亲密度谈话！按照这个标准，握手估计要被列为限制级行为了。即便如此，受这一点儿私人信息的启发，对方给出的回应也变得私密了许多。

> 研究人员：今天终于忙完了，太高兴了，我可真是忙坏了。你呢？
>
> 研究对象（年轻女子）：今天不太忙，是挺开心的一天。
>
> 研究人员：你今天挺开心的？
>
> 研究对象：嗯，今天特别开心。我和一个我很喜欢的人一起出去约会了，所以说，我今天特别开心。

在这个事例中，研究人员透露了一些私人信息，研究对象给出了反馈，而研究人员又进一步给出回应，加深了两人的互动。这就是一步步构建起来的亲密关系。不用说，我们都在人际交流中体验过与此相反的互动，在这种情况下，我们的回应就像是事先编好的程序一样死板："戴维，你在干活呢？""没呀，混日子呗。""好吧。""混一天工作，领一天工资。""没错。""好了，回头见。"这样的关系，永远都停留在平台期。

然而，亲密的关系却随着一问一答逐步升级。说到极端的例子，我们来看看社会心理学家亚瑟·阿伦及4位同事发起的一项研究，[9]他们将研究命名为"人际亲密感的产生实验"。（顺便提一句，这个名字作为真人秀《单身汉》[①]的别名再合适不过了。）

在研究中，一堂心理学课上的大学生们自愿选择互不认识的另一位同学组成二人组。每一组都会收到一个信封，里面装有36个加了编号的写在纸条上的问题。有人从信封中逐个取出纸条，并要两位学生分别给出答案。

实验分成三轮进行，每一轮时长15分钟。随着实验的进行，问题也越来越私密。我们从每一轮中选取3个问题作为例子，内容如下。

第一轮

问题1：如果你能在全世界任选一个人和你共进晚餐，你会选谁？

问题4：对你来说，"完美"的一天是什么样的？

问题8：说出3个你和你的搭档在外表上的共同特征。

---

① 不开玩笑地说，《单身汉》一类的真人秀堪称瞬间产生感情的高手，其中的原因，我们马上就会看到。请注意这些节目的制片人是如何轻松打造出欣喜时刻的：美景和美食（感官享受）自不必说，还有新奇的体验（突破脚本）和竞争的心跳感（提升刺激性）。这是打造峰值体验的典型招数。

第二轮

问题 13：如果有颗水晶球能向你揭示关于你自己、你的生活、你的未来，或是其他任何事情的真相，你想知道些什么？

问题 15：你人生中最大的成就是什么？

问题 21：恋爱和感情在你的生活中扮演着什么样的角色？

第三轮

问题 26：把这个句子补充完整，“我希望有个人能跟我分享……”

问题 28：告诉你的搭档你喜欢他 / 她的地方，这一次你要非常诚恳，说一些你平常不会跟刚见面的人说的话。

问题 33：假如你今天晚上会在没有机会跟任何人交流的情况下死去，你最后悔没有对谁吐露心声？那你为什么到现在还没有对这个人说出想说的话？

提问结束后，两个人被分开，并完成一份包含衡量亲密度的“接纳他人量表”（IOS 量表）的简短的调查问卷。在最高分为 7 分的 IOS 量表上，参与者打出的平均分为 3.82 分。

3.82 分到底有多高呢？研究者们在学校里找了一些学生，让他们用同样一份接纳他人量表为自己“关系最密切、感情最深厚、投入最多、最亲近的关系”打分——打分对象很可能是他们的男女朋友、父母，或是最好的朋友。30% 的学生为“最密切的关系”所打的分数，还不到 3.82 分。

想一想吧。两位陌生人坐下来交谈了 45 分钟，也就是匆匆吃一顿午饭或是打一通比较长的技术支持热线的时间。然而在这45分钟后，他们与这位陌生人的亲密度竟比30%的大学生与自己生命中最亲密的人的亲密度还高！

这是名副其实的“人际关系魔法”。

亚瑟·阿伦的36个问题名声大噪，如果想要和你的伙伴体验一下，你可以下载应用程序（应用程序叫作“36 Questions”）。然而从一定程度上来说，问题本身并不是重点。创造亲密关系的并不是这些具体的问题，而是你来我往的交流。如果另外36个问题能够模拟出亚瑟·阿伦营造的层层深入、坦诚相见的过程，也能起到作用。

然而，我们必须要认识到一个关键点：这个你来我往的过程不会自然而然地启动，而是需要你来主动发起。

为了进一步研究这个问题，我们向一组读者布置了这样一项任务：“下周的某个时间，当你在与一位朋友或是一位亲戚谈话的时候，有意加深话题的深度——分享一个实实在在的事例，比如你在家庭或工作中正在面对的挑战或难题，展露出脆弱的一面，并相信你的谈话对象会给予回应，这能够让你将谈话带到一个更深的层次。”

得到的回应出乎大家的意料。以下是一位名叫迈克·伊拉姆的男士的叙述：

> 我和公司的一位经理在办公室进行了一次谈话，这次交谈的目的本是交换项目的最新信息，而随着讨论的进行，我将话题往深处带入。在这次会谈之前，我们俩只是简单的同事关系，除了对方的职务，我们对彼此几乎没有了解。我打听到，她会

> 在下半年搬到凤凰城，并在那里远距离操作项目。之所以搬家，是因为丈夫的身体状况不好。然后，我们又讨论了她丈夫的健康问题，他患有多发性硬化症，冬天在办公室和他们家的多层别墅里活动很不方便，因此夫妻俩才决定搬到另一座城市。后来，我们又讨论了她正在面对的困难，比如打理房子以便售卖，为搬家收拾行李，等等。
>
> 第一个问题不需要太过深刻或私密，整个过程就像是“剥洋葱”一样，通过每一次信息互换逐渐地深入，等到谈话结束的时候，我们已经深入了一大步。这个练习完全改变了我的工作谈话涉及的内容，也让我与这位女士的关系迈出了新的一步。[10]

人际关系并非无缘无故就能加深。如果不采取行动，人际关系就会停滞不前。就像伊拉姆在上文中所说的一样：“我们俩只是简单的同事关系，除了对方的职务，我们对彼此几乎没有了解。”这样的关系是冻结不前的。但是，正如我们所看到的那样，如果能对彼此给予回应，我们就能打造出更加紧密的联系：教师与家长之间的联系，医生与病人之间的联系，客服中心接线员与消费者之间的联系，工作中的同事之间的联系，甚至在实验室一同参与实验的陌生人之间的联系。所有这些联系，都能以惊人的速度巩固加深。

决定性的连接时刻有时虽然短暂，但能让人回味无穷。

连接时刻
要点小结

1. 连接时刻能够将我们与他人联系在一起。我们感到温暖、团结、心心相印，且得到了认可。

2. 想要在团队中激发彼此产生联系，我们就必须创造共同的意义。有 3 种做法可以帮我们达到这个效果：（1）打造让大家步履一致的时刻；（2）点明共有的难处；（3）为之赋予意义。

- 夏普重新将重心放在消费者体验上的事例包含了以上所有因素：（1）全员大会；（2）自愿自发的“行动小组”；（3）号召大家积极改进看护病人的方法。

3. 共同经历过患难的小组成员会产生更为紧密的联系。在能够自愿选择面对困难、拥有一定的主动权，且困难具有意义的情况下，人们会报以欢迎的态度。

- 西亚加拉塔斯对宗教信仰者的研究表明，共同分享的痛苦体验可以被视为一种“将内团体结合在一起的社会性手段”。

4. “赋予意义”的做法能让人们重拾工作的目的。这不仅让人干劲儿十足，也能鼓励大家拿出“超越平常”的工作成果。

- 汉森的研究表明：坚定的使命感要比激情四溢更能带来高效的表现。

5. 许多人都认为人际关系会随着时间日益加深，但是这个看法并不全面。有的时候，长久的人际关系会遇上平台期；而有的人际关系，则会在正确的时机飞速发展。

- 通过开学前简短的家访等措施，费舍罗和她的团队让问题丛生的斯坦顿小学起死回生。

6. 根据心理学家哈利 · T. 赖斯的理论，“给予回应”能够提升人际关系。所谓给予回应，就是相互之间的理解、肯定及关心。

- 斯坦顿小学的教师们聆听了家长对于孩子们的期望，这是他们给予回应的方式。
- 在健康保健行业中，护工们用“你有什么愿望”替换“你有什么不舒服”这个问题。
- “提及包袱”的接线员们对消费者过去的经历给予了确认。

7. 亲密的关系是由给予回应与敞开心扉结合而成的，也是通过“一来一往”建立的。

- 亚瑟 · 阿伦的 36 个问题实验让素昧平生的陌生人变成了亲密好友，而且只用了 45 分钟！

5号诊所

如何对抗『各行其是』的心态？

背景信息

吃晚饭的时候，一家大型公司的销售副总裁和市场副总裁终于承认两人都早已意识到了这样的事实：两个部门的关系出了问题。市场部和销售部本应同心协力地工作，但如今，这两个部门却是“各扫门前雪”。市场团队制作出精美的宣传材料和广告，但销售团队抱怨说这些材料与消费者对公司产品的印象并不一致；销售团队坚持产品降价能卖得更好，但市场团队却嗤之以鼻地说，销售团队不过是在追求“快销”，并没有对产品的质量进行深入的挖掘。这个事例虽然是杜撰的，但类似的矛盾比比皆是。[11]

理想效果

管理者们受够了这种合作不力的状态。准确地说，他们的团队并没有针锋相对，只是太习惯于待在自己觉得舒服的模式中了。两位管理者下定决心，要让两支团队更为有效地合作，但他们也明白，颠覆现有模式势在必行。

如何打造决定性时刻？

这是一个怎样的时刻？这是一个需要人为打造的时刻。两位管理者策划了一次为期两天的场外会议。那么问题来了：他们该如何设计，才能让这场会议成为两支团队的决定性时刻呢？

让欣喜升级

（1）打破脚本。这次场外会议本身就打破了脚本。会议不仅是一种环境的转换，还颠覆了平常的工作日程。

（2）提升感官享受，增加刺激性。会议开始的时候，与会者被带到外面的停车场，那里停放着一辆真正的一级方程式赛车。销售团队和市场团队被打乱，分成两队，扮演起车队维修技师的角色。两支团队进行比赛，看哪队能以更快的速度给赛车换好轮胎。随着每一次尝试的推进，两支队伍的合作也越来越紧密。比赛妙趣横生，到结束的时候，两队的队员笑作一团；但到该扮演维修技师角色的时候，大家又都一丝不苟起来。活动结束后，大家回到会议室，一起探讨刚才的体验及有效合作的意义。

让认知升级

（1）被现实“绊倒”。两位管理人邀请了一位消费者参会并发表讲话，这是大家始料未及的。这位消费者探讨了与市场部和销售部打交道过程中的“阻滞体验”，他说：“我感觉就好像是在和两家不同的公司对话一样。”

（2）被现实“绊倒”并突破认知。在这次场外会议之前，市场部和销售部各派出两位成员，“深入”对方团队一周。在会议过程中，4 个人与参会的各位分享了他们已掌握的经验：深入销售部的两位市场部人员的演讲题目是“市场人员对销售工作的误解”，而销售部的两位的演讲题目则是“销售人员对市场工作的误解”。

让荣耀升级

（1）认可他人。从总体上来说，两个部门的合作并不顺利，但是其间也有例外。这些在合作中制造亮点的人们收到了一份“团队化学反应大奖”，奖品是一包曼妥思糖和一大瓶健怡可乐（如果这个组合让你摸不着头脑，那就上网搜搜）。会议开完后，两位副总裁在自己的办公室里存放好一批曼妥思糖和健怡可乐，以便在团队成员赢取这份荣誉时分发。

（2）锻炼勇气。销售部门和市场部门之所以合作不力，原因之一就是他们采用了被动攻击型的沟通方式。大家在面对面的时候都很有礼貌，却在背后相互抱怨、互拖后腿。因此，大家在这次会议上练习了“关键对话”①。这个环节广受好评，让“关键对话”这个专用语成了公司内部大家心照不宣的一个梗。回到办公室后，大家常常会拿“我们能不能进行一次关键对话？”这个问题展开交流（但这只是个半开玩笑的问题，毕竟，幽默可以作为开展严肃讨论的润滑剂）。

（3）多设里程碑。两支团队各自设立了目标，并在达成目标的时刻庆祝。他们选择的时刻包括：（1）销售部与市场部互通的邮件数量首次超过销售部门内部邮件数量的时刻；（2）一个部门的成员第一次为对方部门争取更多资源的时刻；（3）一个部门的成员第一次为对方部门解决问题的时刻。

让连接升级

（1）请注意，上文所讨论的许多活动本身就能有效地促进沟通，比如扮演汽车维修技师的体验，深入对方部门后发表的演讲及“关键对话”的练习。很多时候，同一类的“时刻”里会包含多个决定性时刻的组成

① 关键对话是一种沟通技巧，讲究切中要点、圆满得体，避免沟通中的盲点。——译者注

因素。

（2）打造共同使命感。举行场外会议的行为本身就是一个有力的信号。让大家在办公室外的一个场所齐聚一堂，等于发出了一条信息：我们大家是同心协力的。这是一个让大家步履一致的时刻。

（3）打造共同使命感。在会议结束的时候，两位管理者给大家布置了一个挑战，为如何接近一位重要的潜在客户制订一份计划。大家必须要在两个小时里制订好计划，并将计划上报两位副总裁。这个任务虽然有难度，但正是其中的困难，才让团队成员们彼此团结在一起。

最后的总结

我们想就这个事例强调两点：（1）在这样一个牵扯复杂人际关系问题的背景下，打造一个时刻作为契机非常关键。这个时刻是一个分界点，让你有机会向大家宣布，在这次会议之前，两个部门各行其是；但在会议之后，我们大家承诺将携手共进。大家共同的参与给达成目标提供了动力——如果我的表现不佳，你可以批评指正，因为你我都知道，我曾经承诺要做出改进。（2）许多人不喜欢开会的原因，是因为会议中的情感是强挤出来的。与会者只是坐在下面，消极地倾听事先编排好的演讲而已。但是，这种情况并非不可避免，其实是一个选择的问题。组织一场有起伏、有意义、有沟通的会议其实也很简单。你不能指望着单靠讨论团结一致而将两个团队联系在一起，成员们必须切身体验到这种团结才行。正因为这种体验，这个时刻才得以成为一个决定性时刻。

第十二章

宝贵时刻

如何将普通时刻转化为特殊时刻?

一旦意识到特殊时刻的重要性，我们就很容易发现打造这些时刻的机会。我们拿一个正焦急等待大学录取通知书的高中生为例。几年以前，通知书是通过邮件寄送的，而现在的通知书则大多通过电子邮件寄送。但是，学生的心情还是一样的。在接到通知的那一刻，她的心里翻江倒海。她深深吸了一口气，点开邮件，迫不及待地开始搜索关键词句。看到了！“恭喜你”这几个期待已久的字赫然跳到眼前。她欣慰地长吁了一口气，把信又读了一遍。她一共读了 7 遍。

这是一个充满荣耀和欣喜的美好时刻。但是实话实说，这个时刻之所以激动人心，大学在其中其实没有起到什么作用。寄一封信？发一封邮件？大学只能做到这些吗？不要忘了，对于年轻的高中毕业生来说，等待通知书的这段时间是一段典型的转变时期。那么，我们该如何凸显峰值体验呢？

仅仅根据本书提供的方法，我们就能给出许多条建议：

- 随信寄出一件大学T恤、运动衫或是一顶帽子。这不是马上就能让学生有融入学校大家庭的感觉了吗？（增加感官享受。）值得特别提出的是，麻省理工学院做得更到位，[1]他们会把录取通知包裹塞在一根管子里寄给学生，里面装着一张海报和一块冰箱磁贴，最酷的是，管子里还塞满了五彩纸屑呢！（打破脚本。）
- 鼓励学生把自己穿着学校服饰的照片发到社交媒体上，并通过@的提及功能和其他被录取的学生进行互动。（打造共同使命感。）
- 让录取负责人给学生发一段量身打造的视频，并将视频直接发到学生的手机上："凯蒂，我想告诉你，很高兴你能成为我们课程的一员！"（通过回应加深感情。）当然，像俄亥俄州立大学这样的学校肯定不能发这么多段视频，但是规模较小的学校却可以做到——这些学校难道不该利用自己的这项优势吗？
- 给学生发短信，告诉他们录取结果将在下午5点58分准时发到网上，并发给他们一个密码，可用于登录查看结果。（增加刺激性。）
- 让一位在校的大一学生在大家收到录取通知书后的当晚发送短信，一方面表示祝贺，一方面询问他们有没有什么要问的问题。（通过回应加深感情。）
- 在信中附加一组照片，让大家一窥大学新生的体验：第一学期必做的 10 件事（观看图书馆收藏的外国电影、在健身房攀岩、参加“返校节”的足球比赛，或是阅读博物馆典藏的文学作品中的情书，等等）。（多设里程碑。）

我们预想，大家也应该以这样的方式来使用这本书。找准一个特殊时刻，然后向自己提问：我该怎样为这个时刻添加欣喜呢？该如何激发认知呢？该如何鼓励连接呢？生命中处处都是“接到密封在信封中的邮件”的时刻，而这些时刻就等待着被我们转化成独特的亮点。

只需投入一点点的关注和努力，就能将一个普通的时刻转化为一个特殊的时刻。我们看到，高中毕业生能够通过决定性时刻实现蜕变，而这些时刻不仅是毕业生们的决定性时刻，对于观众席中的六年级学生们也有重要的意义！（想想 YES 预备学校“签名日”。）我们看到，一家普通酒店的游泳池竟因为“冰棒热线”而成了旅游胜地；我们看到，简单之举竟有着如此威力：一位教师对学生的赞扬，一对夫妻将两人的争吵记录在本子里，一位牧师给见习神父一个在复活节前夕的守夜礼上布道的机会；我们也看到，分秒之间，一个瞬间往往会带来巨大的变化：夏普的员工在同一个屋檐下齐聚一堂、重拾初心，斯坦顿小学的教师们破天荒地到家里拜访学生家长，也真正倾听了他们的心声，一位 CLTS 的项目顾问将一根头发在一杯水中搅拌，引得目瞪口呆的旁观者们恍然大悟。

但是，这些时刻所带来的回报究竟是什么呢？你能具体衡量吗？能从公司的财务损益上看出来吗？答案是肯定的。考虑一下通过打造美好时刻所带来的实际可见的成果：收益增加（佛洛斯特的数据，以及美国西南航空公司的事例），消费者的满意度和忠诚度上升（魔术城堡），员工更有积极性（关于认可的相关数据），员工绩效的增加（使命感与激情的对比）。另外，许多回报还体现在人际关系上：幸福指数的增加（“面对面感恩”），人际关系的提升（给予回应），自我转变的实现（在学校经历的灰姑娘 / 丑小鸭式的转变时刻，以及突破认知）。

决定性时刻能够带来无数积极且可衡量的效果，但在我们看来，这些时刻并不是一种达成目的的手段——决定性时刻本身就是目的。无论是否能带来任何后续的影响，打造更多值得铭记和意义深远的体验都是一个值得争取的目标，对于你的工作、你所关爱的人，以及你自己而言都是如此。什么样的教师不愿意设计出一套学生们在多年后仍会回顾的课程呢？什么样的客服高管不愿意为消费者营造峰值体验呢？什么样的父母不愿意为自己的孩子打造值得保存数十载的回忆呢？

我们鼓励大家打造这些决定性时刻的好意，却往往因看似紧急的问题和压力被搁置：学校的管理者们念叨着即将来临的州际考试，教师们只得停下编写课程的工作，教学生们如何应试；一部分消费者抱怨在消费体验中遇到的小磕绊，而管理者则立即把营造峰值体验的计划束之高阁，赶紧跑去解决问题。

从短期来看，我们会将应对问题的重要性放在打造决定性时刻之上，这样的权衡决策在当时看来往往是明智的。然而时间一久，后患便显现了出来。布隆尼·韦尔是一位为生命只剩下最后几周的病人进行护理的安宁缓和医疗护士，她写了一篇题为《死者的遗憾》的感人至深的文章。[2] 以下是她在文中与大家分享的相识的病人最常见的 5 个遗憾。

1. 真希望我能有勇气过忠于自己内心的生活，而不是按别人对我的期待过活。（“绝大多数人连自己一半的梦想都没有实现，他们在临死时意识到，现在的结果是自己所做或没有做的选择所导致的。”）
2. 真希望我工作没那么卖力。
3. 真希望我有勇气去表达自己的感情。（“为了保持与他人和睦相处，绝大多数人都把真情实感藏在心里。”）
4. 真希望我能和朋友时常保持联系。
5. 真希望我能让自己更快乐一些。（“许多人直到临死时才意识到，快乐是一种选择。他们囿于老旧的规矩和习惯中，无法抽身。”）

神奇的是，我们在本书中读到的许多方法，都可以作为这些常见遗憾的解药：

1. 突破自我，发现自己的极限。
2. 有意在自己的私人生活中打造峰值体验（或是尤金·奥凯利口中的“完美时刻”）。
3. 找好能够给予我们体恤和回应的伴侣，通过开诚布公的自我表达来锻炼勇气。
4. 认清彼此连接的价值（也要认清打造峰值体验的困难）。
5. 打造欣喜时刻，通过打破脚本来脱离陈规旧习。

韦尔的病人们将当下的需求与他们对未来的期望交缠在了一起。在日常生活中，我们有时会将太多精力花在应付问题上，却忘记了打造峰值体验。

抓住顿悟，立即行动

最后，我们想要与大家分享一个在研究过程中发生在我们自己身上的“认知时刻”。这个时刻的缘起，是一位名叫朱莉·卡斯滕的女士给我们讲的一个故事。[3]

卡斯滕说，1999 年的一天，坐在位于华盛顿特区的办公隔间里的她，偷听到了隔壁隔间里一位女士的谈话。

当时的卡斯滕 24 岁，就职于一家颇具权威的咨询公司。她加入公司已有 18 个月之久，之所以到这里工作，是因为她想有机会在营销传播领域工作。她隔壁的办公隔间是预留给从其他城市来华盛顿分公司暂驻的高管用的，卡斯滕并不知道那天用她隔壁隔间的女士是谁。但是，这位女士改变了她的一生。

卡斯滕回忆道：“她的着装很出众……一身蓝色的长裤套装，剪裁做工很得体，款式也很时髦。在其他暂驻的高管中，她脱颖而出。在华盛顿特区办公的大部分时间里，她一直都在打电话。而让我记忆犹新的，是她的热情。

“我明白，和我一样，她的四周也都是空白的墙壁。但是她对自己做的工作很在行，也很享受工作的过程。”

卡斯滕意识到，那位女士所做的工作正是她自己在这家公司得到升迁后将要做的工作。

接下来的想法，让卡斯滕恍然一惊。

如果在那个职位所获得的成功就是我所听到的这样，那么我宁愿不要这成功。那位女士对自己所谈的话题充满了激情，但是在我听来却无聊透顶。

卡斯滕说：“我想象着自己也变得和这位女士一样，只是谈论的话题会有所不同。”

这时，卡斯滕已然意识到，她应当辞去这份工作。

卡斯滕开始为辞职做打算。几个月后，她拜访了一位职业顾问，希望找到一份更适合她兴趣的工作。这一次，她的人生又经历了一次转变。

职业顾问听取了她的梦想，并用性格测试和技能测评等工具帮她明晰了自己想做哪种工作。得到这些数据之后，职业顾问为她推荐了几个或许适合她的工作。然而，卡斯滕在心里已经做出了决定。她记得自己两眼盯着那位职业顾问，心想：我想做你在做的事。

几个月后，在 1999 年秋，卡斯滕入读咨询硕士课程。到 2016 年，她已经在职业顾问这个职位上工作了 14 年。

卡斯滕的职业生涯被两个闪电般突然的时刻所改变，这两个时刻都是在意料之外出现的。事情自然而然地发生，她则随机应变地行动，而转瞬之间，人生便换了轨道。

卡斯滕的体验是我们在第五章所提到的“不满确立”时刻的典型案例。我们惊诧于她的顿悟来得如此出人意料，也想要搜集更多有关“不满确立”时刻的事例。因此，我们俩将卡斯滕的故事发给了我们的订阅会员，询问是否有人有过类似的体验。这个问题触到了大家的兴趣点，我们收到了 400 多封回信，许多信件都触及非常私密的内容：如婚姻破裂、爱情重生，或是失去工作和重回岗位的经历[①]。以下是从其中抽取的例子。

① 为了不让大家产生我们俩有一大堆每问必答的热心读者的错觉，让我们来告诉大家，上次向订阅会员征集关于做决策的故事时，我们只收到了两封回信，其中一封，是丹因为担心问卷调查功能不能正常运行而发的测试信息。

• 苏雷什·米斯特里曾是伦敦劳埃德银行的一名副经理。[4] 每天，他的办公桌上都会放着一份“问题”报告，里面列着所有超过透支额或贷款上限的企业客户。他需要做出决定，是选择拒付支票，还是暂放他们一马。经理就坐在他的对面，桌上也放着一份“问题”报告。米斯特里写道：“唯一的不同，就是他的名单上的款项后面多了一个0。我处理的是10 000英镑级别的支票，而他处理的则是100 000英镑的支票。就在这时，我瞥见了角落里玻璃墙办公室中的区域总经理。他正坐在一张巨大的办公桌前，面前也摆着一张纸。没错，你已经猜到了，这是一份1 000 000英镑级别支票的单子。我已经看到了自己的未来，这未来让我触目惊心。”不到一周，米斯特里便在营销领域申请了一份新的工作，现在的他，已经在这个岗位上愉快地工作了20多年。
• 37岁的沃伦·塔尔博特与37岁的妻子和朋友们在西雅图的一家餐厅吃饭，席间有人问道：“如果知道自己活不过40岁，你会做些什么？”沃伦和妻子对视了一下，不约而同地说：“我们会环球旅游。”对于他们俩来说，这个问题可不只是茶余饭后的闲聊。因为，两人的一位挚友因为脑动脉瘤而住了院，这让他们清楚地意识到了生命的短暂。第二天早上，他们俩选定日期，将两年后的2010年10月1日作为环球旅行的开始。在这两年中，两个人一边计划，一边存钱，把所有的财产都变卖了，然后在定好的日期当天离开了西雅图。他们的第一站，是厄瓜多尔北部的一座夯土房屋。塔尔博特夫妇写道：“我们将三年多的时间全部用来旅行，现在的我们在西班牙南部的山上安了家，当作大本营，同时继续探索世界。我们俩现在45岁了，对于8年前的那个晚上做出的决定，我们从来没有后悔过。”

- 南希·肖费勒年近30岁，是一位有两个孩子的家庭主妇。不久前，她的丈夫被查出患有癌症。一天早上，南希坐在家中的门廊里，一边啜饮咖啡，一边为新的一天做准备。“一个念头突如其来，”她写道，“我可能得无依无靠地带着两个孩子生活了。这是彻底的无依无靠：没有技术，没有学历，也没有丈夫。这是一个使我震惊的时刻，就像一道闪电劈过天际。”她下定决心回到学校，学习开展事业所必备的技能。她说，没有想到的是，当她在学校登记的时候，“我的两腿就像橡皮一样软”。她感到既焦虑，又害怕。走进学校办公大楼，她禁不住泪流满面，只得转头回家。“回到家，走进大门后，我一眼就看到我两岁的女儿正在和她爸爸一起玩。我记得，我对自己提出了一个尖锐的问题：‘如果我连报名一门大学课程都做不到，又该怎么样去鼓励我的女儿“争取更多”呢？’我转过身，又返回了学校。”她完成了学业，从大学毕业后，成立了一家公司，并成功出售，现在的她，专门为女商人和女企业家提供咨询服务。

刚开始读到这些激励人心的故事时，我们还以为故事呈现的是一个个顿悟时刻，也就是恍然大悟的瞬间。但是随着阅读的深入，我们突然意识到，与其说这些故事所讲述的是突如其来的领悟，莫如说，这些故事的主题是行动。

朱莉·卡斯滕拜访了一位职业顾问，苏雷什·米斯特里申请了一份新的工作，沃伦·塔尔博特和妻子定下了环游世界的日期，南希·肖费勒转身回去登记入学……

从表面看来像是意外发生的时刻，实际上却是有意打造出来的。我们逐渐认识到，卡斯滕和米斯特里等人所体验的突如其来的领悟，其实是他们在意识到自己能够行动起来之后，有意将生命赶上另一条道路的一次挥鞭。他们不是这些时刻的接受者，而是主动抓住时机的人。

难忘病房中“温暖”的雪

接受某些时刻的到来，和主动抓住时机，是两个截然不同的概念。有些决定性时刻是人为制造的，但在我们所遇到的决定性时刻中，更多时刻是我们主动纵身其中的：几位酒店工作人员发现一位小男孩把自己的长颈鹿娃娃忘在了酒店里，于是决定给他一个特别的惊喜；一位男士决定在与同事交谈时打破无甚意义的寒暄，却发现了两人之间竟有着如此多的共同之处；一位导师选择在病房留守一夜，陪伴刚刚目睹了一场悲剧的实习医生。

这就是我们希望大家从这本书中得到的收获：请留心每个时刻所包含的可能性。这样的时刻是不需要人为“创造”的。诚然，我们在书中探讨的一些时刻的策划的确花费了大量的时间和金钱：比如夏普的全员大会，“签名日”，“人性的审判”。没错，想要有效地烘托一个时刻，的确往往需要人们投入实实在在的努力，比如，将“人性的审判”放在法庭里，而不是在学校餐厅里举行是很重要的。

但是不要忘了，这些都是一年一度的重大活动！

本书所介绍的许多时刻，都是自然而成、非人为制造的，而我们日常中的时刻也都是以这样的形式出现的。你可以赞扬一位同事在客户遇到紧急情况时的处理方式（认可他人），可以在晚餐桌上问你的孩子们，“你们这周遇到了什么失败”（突破认知），也可以和你的同事在下班后一起相约去吃纸杯蛋糕（打破脚本）。

最为宝贵的时刻，也往往是那些花费最少的时刻。2007 年 6 月，达西·丹尼尔 3 岁的女儿温迪出现了胃痛的症状，他们所居住的佛蒙特州偏远小镇上的一位医生发现，温迪患了严重的大肠杆菌感染，感染导致了她的健康状态不断恶化：肾脏衰竭，不得不花几周做透析；由于胃痛严重，医生两次对她的大肠进行部分切除手术；重复手术所引起的感染造成了心脏衰竭，她出现了心搏停止的情况，不得不接受抢救。温迪急需接受肾脏移植，虽然自愿帮助的人很多，但是没有一个人的肾脏与她匹配。

温迪在医院里度过了万圣节，她的身上插了太多根管子，因此没法穿万圣节服装，只能把衣服盖在身上。感恩节来了又去。12 月圣诞节将至的一天，外面下起了雪。对于一个生在佛蒙特州的孩子来说，只能透过窗户看雪无疑是一种煎熬。温迪特别喜欢堆雪人和滑雪橇。她已经有两个月没能出门了。

温迪的主管护士柯里·福格蒂和医护助理杰西卡·马什想出了一个办法。[5] 如果温迪不能在雪中玩耍，大家就应该把雪带到她的身边去。但是，实际情况比较复杂。鉴于温迪心脏的状况，工作人员对她所摄取的水要精确控制到毫升。因此，杰西卡拿着呕吐用的桶到外面装满雪花，然后称重，待雪花融化后，将雪水倒进了一个刻度量筒里。如此一来，她们掌握了雪的重量与水的体积之间的换算比例。然后，她们又往桶里装了重量刚好的雪，这样一来，即便3岁的温迪吃了雪，也不会有什么问题了。

当她们捧着一碗雪来到温迪的房间里时，她的脸上泛起了红光。马什说："我从没在孩子的脸上见过如此纯粹的喜悦和天真。"

达西说道："一个在几个月里天天盯着医院病房内壁的孩子，一个只熟悉机器、传呼铃、电视，以及强力通风装置的声音的孩子，一个只知道无菌餐盘的冰冷、病床的苍白，整日里与听诊器相伴的孩子，你能想象她拿到一桶雪时的情景吗？……她眉开眼笑，心花怒放，觉得这是世界上最棒的东西了……雪花让她想起了家。"

温迪漫长的噩梦终于结束了。她成功接受了肾脏移植手术，并成长为一个健康的小女孩。她踢足球、跑马拉松，还在奥林匹克世界移植运动会上赢得了奖项。幸运的是，她几乎忘却了身体上承受过的折磨，但是她的母亲却仍然铭记在心。

几年之后，达西在一篇博客中提到了那桶雪花："回忆起来，让我们感恩的，是那些感情深切而率性自发的时刻。在温迪康复期中那一连串望不到头的日子的单调无趣很容易从记忆中抹去，但那个时刻带来的温暖和光明，是我们永远也不会忘记的。"

这就是决定性时刻。两位护理人员认为患病的小女孩应该得到一次放松的机会，因此便精心策划，将充满乐趣和爱心的魔力洒入了现实世界之中。

而这也是我们每个人都应当承担的责任：通过打造些许珍贵的时刻，颠覆日常生活和工作中让人转瞬即忘的枯燥和单调。

如果世界上的每一家公司都能为新员工制造一个难忘的"第一日体验"，那会怎么样呢？

如果每一位学生的学校体验都能像参加毕业舞会的体验那样值

得回味，那会怎么样呢?

如果每一位病人都会被问到“你有什么愿望”这个问题，那会怎么样呢?

如果你能立刻拨通老朋友的电话，让那订立已久的公路旅行计划终得实现，那会怎么样呢?

如果我们不仅仅记得生命中的决定性时刻，还去亲手打造这种时刻，那会怎么样呢?

我们有能力成为创造带来欣喜、激起认知、引发荣耀及鼓励连接时刻的设计师。这些非同一般的每一分、每一时及每一天，才是让生活意义非凡的点睛之笔。决定性时刻，等待你我来创造。

后 记

如何处理创伤时刻？

如果你在人生中遭遇过创伤，我们很难过。无论你面对着什么样的问题，都要认识到，总有其他人也和你经历过同样的事情。即便你正身处创伤之中，他们的经验也能给你提供重振希望的理由。

创伤时刻会造成巨大的困难和痛苦，但我们较难意识到的是，有的时候，这些创伤也能带来积极的成长。这种现象被称为“创伤后成长”。这种成长并不能掩盖创伤本身的悲剧性，也无法消除潜在的痛苦。但是，研究者理查德·泰德思奇和劳伦斯·卡尔霍恩却发现，“巨大的痛苦能够带来巨大的收获”。

根据记载，在失去伴侣的人、参加过战斗的老兵、被迫逃离祖国的难民、艾滋病或肝炎的患者、孩子患有重病的父母，以及被性侵或性虐待的受害者身上，都出现过“创伤后成长”的现象。有的研究还发现，与未经创伤的人相比，经受过创伤的人，其个人的积极成长更为显著。

在接下来的内容中，有 5 个建议，可以告诉大家如何从巨大的伤痛中寻找巨大的意义。许多经历过创伤的人都表示，他们在 5 个领域得到了成长，而这 5 个建议的灵感，也正源于这 5 个领域。（这 5 个领域是从“创伤后成长”领域的研究者泰德思奇和卡尔霍恩的研究报告中抽取出来的。这篇后记的很多内容都来自这两位研究人员的报告，详见文后的书目。所有引用内容都出自这篇综述文章。）

寻找小的峰值体验。许多经历过创伤的人都表示，他们能够更好地享受生活中那些之前视而不见的小小幸福：一畦美丽的花园、一杯浓郁的咖啡、一个与孩子共处的早晨。曾任比尔·克林顿总统顾问的汉密尔顿·乔丹说：

> 在第一次经历癌症之后，生活中最微小的喜悦也被蒙上了特殊的意义——观赏美丽的日落、拥抱我的孩子、和（妻子）多萝西一起欢笑。这种感觉并没有随着时间的流逝而磨灭。在第二次和第三次患上癌症之后，我愈加珍惜我的家人和朋友，也愈加珍视我的余生，这段人生，我绝不会等闲视之。而在此过程中，生活中简单的快乐也变得俯拾即是、用之不竭。

在一场致 83 人死亡的飞机失事中幸存下来的地理教师萨莉·沃克表示：“回到家的时候，天空显得明亮了许多，我竟端详起人行道的纹理来。我就好像置身于电影中一样……（现在）所有的一切都成了一种馈赠。”

在第三章里，我们讲述了尤金·奥凯利的故事。被诊断为脑癌晚期的他，被告知只剩下 3 个月的生命。接到这一消息后，他开始创造一系列能与所爱之人共享的“完美时刻”，比如享受一顿美食，以及饭后在中央公园里散步。这些特别的时刻让他得以“在一周中活出了一个月”，这是他始料未及的。

歌颂情谊，珍惜情谊。一位描述儿子去世情景的母亲说：“当他去世的时候，朋友们不知从哪里一股脑儿涌出来”伸手相助。她对朋友们萌生了一份全新的感恩之情，也更加珍惜她与丈夫的感情了。

并非每位朋友都会积极地伸出援手。许多经历过创伤的人都深有“患难之处见真情”的体会。剔除不能为自己提供支持的人际关系，将重心重新放在能为自己提供扶持的关系之上的人们，往往更有安全感，并更能体会到关爱。身处患难之中的人们还发现，他们能以更深厚的同情心和同理心去对待其他身处痛苦或悲哀之中的人。

在第十一章里，我们探讨了如何才能打造更加亲密的人际关系，其中包括了“给予回应”这一方法，也就是说，当大家对彼此予以理解、肯定及关爱的时候，人际关系便能越发亲密。作为一个创伤幸存者，你的经历非常有助于你给予别人回应，因为你能够理解其他经历过创伤的人们的“包袱”；另外，你的经历也有助于你对他们的想法和回应给予肯定，因为你本人也与悲痛进行过搏斗。你可以通过一般人眼中较有挑战性的途径提供关爱和支持。比如，许多痛失儿女的父母都发现，朋友因为害怕触及他们的伤心事而渐渐不再提起他们去世的孩子。但是，失去儿女的父母都明白，孩子的影子是永远挥之不去的。因此，“马克如果在的话，该会多享受这次假期 / 这场足球赛 / 这辆新车呀”这样的话语，更容易被人们当作体贴而温暖的问候，而不是重揭伤疤。

认识自己的力量。一位刚刚痛失孩子的家长说：“我在面对事情时更加从容了。之前看上去天大的事情，也显得不那么重要了。”人们会将创伤作为一把标尺，测试自己突破自我、忍受艰难及百折不挠的能力。许多人都会说：“如果我能应付得了这件事，那么其他任何事都不成问题了。”

在第六章中，我们分享了精神病医生迈克尔·迪宁年轻时的故事，他将病人在自己值班时因自杀身亡归咎于一己的疏忽。那天晚上，导师陪在他的身边，引导他认识到，他是有能力抵抗住伤痛与自我怀疑的打击的。迪宁受到这次体验的启发，自己也成了一位导师。几十年来，他源源不断地为他人提供着力量，让人们认识到，他们是有能力克服困难的。

寻找新的可能性。经历过创伤的人有时会发现自己能在生活中挖掘出新的可能性：比如新的工作、新的爱好，以及新的道路。

康奈尔大学医学社会学家伊莱恩·韦辛顿所组织的一项研究显示，在下岗的人群中，有1/3的人都表示这种经历为他们的生活带来了积极的影响。在患过严重疾病的人群中，近45%的人也都说过相同的话！这个发现并不是在否认那些认为下岗对他们造成了消极影响的人的观点，只是在说，一些人会在一扇门关闭的时候，发现另一扇门的开启。

寻找灵性上的认知。许多经历过创伤的人都在置身痛苦时，从灵性修习中寻求到了慰藉。泰德思奇和卡尔霍恩发现，即便是没有信仰的人也能够“对关乎人类存在的基本问题产生更浓厚的兴趣，而这种兴趣本身便有可能成为一种成长的体验”。

以上的任何言论都无意暗示应对创伤是一件简单的事情，也不是在告诉你应当将自己的精力集中于这种“成长”上。痛失爱子的哈罗德·库什纳拉比的一段话，将既期盼成长，又希望这种成长不曾降临在自己头上的心情表达得淋漓尽致：

> 经历了阿伦的出生与去世，我成了一个更加敏感的人、一位更加深得人心的犹太教牧师，以及一位更加善解人意的神职人员。但是，如果能换回儿子的生命，我会不假思索地将这一切收获全盘放弃。如果能够选择，我会摒弃一切因为这段经历而降临在我身上的精神成长和升华……但是，我无法选择。

致谢

我们要对那些为本书初稿提供反馈的读者表示深深的谢意。花费几个小时阅读一本尚未成型的书，还要与我们分享书中哪些观点有效、哪些地方存在纰漏，这样的要求可不算简单。你们的付出为本书带来了巨大的改变，更带来了无数微小的改动（包括避免其他读者浪费时间读我们的冷笑话），这些变化都是积极的。另外，还要感谢在华盛顿特区、亚特兰大及纽约市参加我们小组讨论的读者们，这本书由于你们的建议而上了好几个台阶——希望大家能读出这些进步来。

真心感谢那些指引我们找到书中包含的理念和事例的人，感谢乔·麦卡侬（Joe McCannon）提出“共有的难处”的概念，感谢奈拉·加西亚（Nella Garcia）和马克·迪贝拉（Mark DiBella）分享“签名日”的故事，感谢谢里尔·弗格森（Cheryl Fergerson）、阿迪·西门斯（Addie Simmons）及维克多·马塔（Victor Mata）与我们分享他们在2016年的“高三学生签名日”中的一些体验，感谢安吉拉·达科沃斯（Angela Duckworth）和劳伦·艾克利斯–文克勒（Lauren Eskreis-Winkler）与我们共享的想法和对我们在研究方面的指导，感谢弗雷德·休斯敦（Fred Houston）分享德勤会计师事务所的退休惯例。感谢帕特里夏·迪宁（Patricia Dinneen）帮我们联系上了迈克尔·帕尔默（Michael Palmer），感谢罗伯特·修尔曼（Robert Heuermann）告诉我们《辛普森一家》中“不会动的碳棒”这段插曲，感谢威廉·福尔兹（William Fultz）给我们提供了宝箱的想法，感谢马特·迪克森（Matt Dixon）贡献的第三章中的攻击/防守的创意，感谢纳夫塔利·拉文达（Naphtali Lavenda）拉比与我们分享的犹太教堂角色扮演的故事，感谢梅根·伯恩斯（Megan Burns）鼓励我们在佛洛斯特的研究数据中挖掘信息，也感谢劳拉·特拉姆（Laura Tramm）和罗克珊娜·斯特罗蒙格（Roxana Strohmenger）帮助我们分析这些数据。感谢弗兰克·图雷（Frank Tooley）、凯蒂·博伊恩顿（Katie Boynton）及迈克·欧弗里（Mike Overly）帮助我们解决了西南航空公司的机上安全须知之谜，也感谢他们帮我们与西南航空公司的“官僚体系”（你们好啊，法律部门的各位！）做斗争，争取到了讲述这个故事的许可。在初稿关于沟通的内容中，我们忽略了“给予回应”这一至关重要的因素，感谢艾利·芬科尔（Eli Finkel）用鹰眼一般锐利的目光发现了这个疏忽。

另外，在本书的创作过程中，还有一些人通过多次谈话帮助我们认识到了构成决定性时刻的多个因素。感谢余松佳（Soon Yu）、保罗·马龙尼（Paul Maloney）、达伦·罗斯（Darren Ross）、尼克·斯特奥德（Nick Stroud）、布里吉特·斯特坎普（Bridget Stalkamp）及梅根·伯恩斯。

感谢罗娜·利佩斯（Lorna Lippes）及玛雅·瓦卢如（Maya Valluru）对我们的研究提供的帮助（尤其要感谢她们费心看完了成百上千条关于服务体验的网评）。在此还要特别感谢克里斯蒂·达内尔（Christy Darnell）对读者反馈的整理，感谢戴夫·万斯（Dave Vance）喜感十足的创意，也感谢彼得·格里芬（Peter Griffin）施展的“编辑魔法”。

能和克里斯蒂·弗莱彻（Christy Fletcher）和她在弗莱彻公司的团队一起合作，我们深感荣幸。能够与我们的第一位编辑本·洛南（Ben Loehnen）重新联手，并与我们在西蒙与舒斯特出版公司的新团队一起共事，我们也感到非常荣幸。本，感谢你给予了我们进入写作这一行的第一个机会，而这第四次机会，也是你带给我们的。

如果少了我们在给予回应上做得淋漓尽致的家人的关爱与支持，我们的著作也就无从谈起。妈妈、爸爸、苏珊、苏珊·乔伊、埃默里、奥伯利、阿曼达、约瑟芬、奥克萨娜、亨特，还有达比（Mom, Dad, Susan, Susan Joy, Emory, Aubrey, Amanda, Josephine, Oksana, Hunter, and Darby），我们爱你们。

注 释

第一章 决定性时刻

1. 这个故事是从丹在 2015 年 2 月对唐纳德 · 卡曼茨，以及 2016 年 5 月对克里斯 · 巴比克的采访，加之与两人的往来邮件中衍生出来的。其他信息来自丹在 2016 年 7 月对梅拉 · 瓦尔的采访，以及 2016 年 5 月在休斯敦参加“签名日”的亲身经历。

2. 冰桶实验、峰终定律，以及忽视时长的内容，出自：D. Kahneman，B. L. Fredrickson, C. A. Schreiber, and D. A. Redelmeier（1993）. “When More Pain is Preferred to Less: Adding a Better End,” *Psychological Science* 4: 401-5。

3. 获得诺贝尔经济学奖的心理学家丹尼尔 · 卡尼曼在 20 世纪 90 年代开始这项研究，并发表了很多有趣的论文，其中一些论文讨论了人们对电影片段的不同反应，以及病人对结肠镜检查有何体验。

相关研究一致证实了峰值时刻（也就是高峰与低谷）的重要性。正如凯里 · 摩尔维奇在一篇论文中对“期望效用”的阐述一样，当棒球球迷被要求回忆一场棒球比赛的时候，他们大多会回忆起自己记忆中最精彩的一场比赛。当接受结肠镜检查的病人被要求回忆起一次手术过程的时候，他们对最痛苦的时刻的记忆最为深刻。当一群参与了一场为期 3 周的自行车假期的加州人被问起假期体验时，他们大多会将注意力放在最精彩的时刻上。

就像第一章所说的一样，我们认为，“峰值事件和转变事件”要比“峰值事件和终点事件”更值得重视。其中一个原因，就是我们在上文中提过的终点和起点分界线的模糊不清。另一个原因，出于针对开端事件的重要性展开的大量研究。我们说过，关于大学回忆的 40% 都来自 9 月，另一组数据则表明，大一新生在前 6 周所衍生出的长期记忆要比大二整年都多（这也为大家指点了一条减少大学花费的立竿见影的道路）。

在更广泛的意义上说，有证据证明，一段体验的初期带来的信息会得到更多的注意和重视。人们的回忆大多会表现出初始效应（在一系列事件中，对刚开始的事件的记忆更加清晰）以及近因效应（对事件结尾的记忆更加清晰）。一项关于人们对于他人的认知的研究表明，人们会对一段交流刚刚开始时的信息给予更多的重视。

关于“期望效用”研究的翔实总结，请见 Carey K. Morewedge (2015), “Utility: Anticipated, Experienced, and Remembered,” in Gideon Keren and George Wu, eds., The Wiley Blackwell Handbook of Judgement and Decision Making, pp. 295–30. Malden, MA: Wiley。

关于结肠镜检查的研究请见 Daniel Kahneman and Donald A. Redelmeier (1996). “Patients’ Memories of Painful Medical Treatments: Real-time and Retrospective Evaluations of Two Minimally Invasive Procedures,” Pain 66(1): 3–8. 关于冷水实验的内容，请见：Daniel Kahneman, Barbara L. Fredrickson, Charles A. Schreiber, and Donald A. Redelmeier (1993). “When More Pain Is Preferred to Less: Adding a Better End,” Psychological Science, 4(6): 401–5。关于大学回忆的实验的总结信息，请见：David B. Pillemer (2000). Momentous Events, Vivid Memories: How Unforgettable Moments Help Us Understand the Meaning of Our Lives. Cambridge, MA: Harvard University Press。关于 9 月产生的大学记忆的重要性，请见 126 页及之后的内容。

4. 奇普和丹对于这家酒店的亲身体验，以及奇普与魔术城堡酒店首席运营官及总经理达伦·罗斯的对话，可见以下网址：https://www.tripadvisor.com/

Hotel _Review-g32655-d84502-Reviews-Magic_Castle_Hotel-Los_Angeles _California.html。

第二章 瞬间思维

1. https://www.globalcitizen.org/en/content/13-amazing-coming-of-age-traditions-from-around-th/。

2. 此故事来自丹在 2016 年 1 月与拉尼·洛伦茨·弗莱依的访谈（以及后续的电邮往来），丹在 2015 年 12 月与刘易斯·卡蓬的访谈，以及丹在 2016 年 1 月与印度分公司的穆库尔·瓦什尼的谈话。

3. 来自丹在 2016 年 1 月对多卡进行的采访。

4. 凯瑟琳·米尔克曼的引言来自她于《怪诞经济学》的播客中与斯蒂芬·达布纳的访谈。http://freakonomics.com/2015/03/13/when-willpower-isnt-enough-full-transcript/。健身中心的数据请见：Hengchen Dai, Katherine L. Milkman, and Jason Riis (2014)，“The Fresh Start Effect: Temporal Landmarks Motivate Aspirational Behavior,” *Management Science* 60(10): 2563–82, http://dx.doi.org/10.1287/mnsc.2014.1901。

5. Adam L. Alter and Hal E. Hersh eld (2014). “People Search for Meaning When They Approach a New Decade in Chronological Age,” *PNAS* 111, http://www.pnas.org/content/111/48/17066。

6. 来自丹的亲身经历。奇普还在积累“考拉勋章”所需的里程。关于 Fitbit 手环的详细信息，请见：http://www.developgoodhabits.com/ tbit-badge-list/。

7. Eric A. Taub (2016, October 27)，“Let the Lessee Beware: Car Leases Can Be the Most Binding of Contracts,” *New York Times*, https:// www.nytimes.com/2016/10/28/automobiles/let-the-lessee-beware-car-leases-can-be-the-most-binding-of-contracts.html。

8. Leonard L. Berry, Scott W. Davis, and Jody Wilmet (2015, October). “When the Customer Is Stressed,” *Harvard Business Review*。

9. Mary Jo Bitner, Bernard H. Booms, and Mary Stan eld Tetreault (1990)，“The

Service Encounter: Diagnosing Favorable and Unfavorable Incidents," *Journal of Marketing* 54: 71–84.
10. 道格的故事来自他的TED演讲：https://www.youtube.com/watch?v=jajduxPD6H4, 以及丹在 2016 年 7 月对他的采访。关于把孩子哄到台上的时间从 10 分钟下降到了 1 分钟的援引，以及关于小男孩鲍比和铛铛车的援引，都出自这次采访。援引的其他对话，则出自 TED 演讲。其中的一些描述来自迪茨与我们分享的演讲记录文件，80% 的数据以及儿童医院对镇静剂需求的减少，出自：http://www.json line.com/business/by-turning-medical-scans-into-adventures-ge-eases-childrens-fears-b99647870z1-366161191.html。
11. 出自奇普在 2016 年 10 月与迈克尔 · 赖默尔的交谈。
12. 转录自 https://www.youtube.com/watch?v= 2Ya2nY12y3Q。
13. 丹于 2016 年 6 月在华盛顿特区参加过德勤的一次退休活动。

第三章　峰值时刻

1. 这段故事取自丹在 2016 年 1 月与格雷格 · 朱尔里斯、苏珊 · 贝德福德、杰夫 · 吉尔伯特，以及格雷格 · 兰斯进行的访谈，以及后续的电邮交流，加上他们共享的文件，以及格雷格 · 兰斯在 2009 年 11 月作为奇普所教课程的特邀嘉宾时的文字稿记录。另外，奇普和丹也在 2016 年的 12 月参加了一次"人性的审判"活动。
2. http://www2.ed.gov/about/of ces/list/ovae/pi/hs/ hsfacts.html。
3. 出自奇普于 2015 年 6 月对达伦 · 罗斯的访问。
4. 马修 · 迪克森、尼克 · 托曼，以及里克 · 德里西合著了一本名叫《不费吹灰之力的体验》的既精彩又实用的书，对 97 000 个通过电话或网络进行的客服沟通案例的结果做了研究。（这本书的序言是丹写的。）书的作者发现，"预期得到超额满足和预期刚好得到满足的消费者相比，二者的忠诚度几乎没有任何差别"。他们还补充道："一般公司都大大低估了满足消费者需求这样的小事的价值。"换句话说，假如一位消费者打电话说他的信用卡或是电视信号出了问题，这位消费者的需求仅仅是想要快速解决问题而已。他不想得到什么“惊喜”。不把他转接给其他部门或是不要让他重复讲一个问题，已经足够让他惊喜了。对于这种情况来说，“平淡无奇”是件好事。因此，如果你的工作与远距离解决消费者的问题有关（比如通过电话或网络），那么你就不应考虑创造峰值体验，而是应该专注于填平低谷——那些消费者所讨厌的拖延或推脱的情况。想要学习如何切实有效地填平低谷，那就读读这本书吧！ Matthew Dixon, Nick Toman, and Rick Delisi (2013). *The Effortless Experience*. New York: Portfolio。

5. 来自丹于 2016 年 8 月和伦纳德 · 贝里的通话。

6. 关于顾客体验调查的描述出自：Rick Parrish，Harley Manning, Roxana Strohmenger, Gabriella Zoia, and Rachel Birrell (2016). “The US Customer Experience Index,” 2016, Forrester。CX 指数为佛罗斯特研究所专利。

7. R. F. Baumeister, E. Bratslavsky, C. Finkenauer, and K. D. Vohs (2001). “Bad Is Stronger than Good,” *Review of General Psychology* 5: 323–70。

8. Andrew M. Francis and Hugo M. Mialon (2014)，“‘A Diamond Is Forever’ and Other Fairy Tales: The Relationship Between Wedding Expenses and Marriage Duration,” Social Science Research Network, https://papers.ssrn.com/sol3/papers2.cfm?abstract_id=2501480。在接下来的章节中，我们也会讨论到“连接时刻”。而这几位研究者也发现，婚礼的参与者越多，分手的可能性也会相应减少。

9. Eugene O’Kelly and Andrew Postman (2005). *Chasing Daylight: How My Forthcoming Death Transformed My Life*. New York: McGraw-Hill。

第四章 打破脚本

1. http://www.huf ngton post.com/chris-hurn/stuffed-giraffe-shows-wha_b_1524038.html。

2. 关于汉堡包和生日派对的例子来自两位对脚本的影响研究最多的心理学家，详见 : Roger C. Schank and Robert P. Abelson (1977). *Scripts, Plans, and Knowledge*. Hillsdale, NJ: Lawrence Erlbaum。

3. 我们参考了我们所著的《行为设计学：让创意更有黏性》一书中的一个相关的理论。这是一本解释了该如何让沟通变得更有黏性的书，阐释了制造让人意想不到的信息时所造成的“花招惊喜”，及其与“核心惊喜”之间的差别。核心惊喜将人们的注意力引导到传达的关键信息上（而不是靠庸俗的笑话或花招来招引不必要的注意）。同样地，在这一章中，我们也向大家推荐了“战略上的惊喜”，也就是通过打破已知的剧本，巩固你的目标（就像丽思卡尔顿的例子一样）。

4. 数据来自：John C. Crotts and Vincent P. Magnini (2011)，“The Customer Delight Construct: Is Surprise Essential?” *Annals of Tourism Research* 38(2): 719–22。此内容在以下书本中引用：Tania Luna and LeeAnn Renninger (2015)，*Surprise: Embrace the Unpredictable and Engineer the Unexpected*. New York: Penguin Books, p. 137。

5.“喜上眉梢”的故事来自：Matt Watkinson (2013)，*The Ten Principles Behind Great Customer Experiences*. Harlow, England: Pearson, p. 107。其他的引言出自：http://www.standard .co.uk/news/london/pret-a-manger-staff-give-free-coffee-to-their-favourite-customers-sandwich-chain-boss-reveals-10191611.html。

6. 逗趣的飞行安全须知写在云朵形状的小板子上，贴在西南航空公司达拉斯总部餐厅旁的墙上。波音 737-800 机型的官方价格为 7 200 万美元，但是航空公司是不会付官方价的。西南航空公司支付的实际价格非常机密，但是，关于某些交易的信息会不时流出。一位博主公布了几笔潜藏在航空公司财务报表中的近期交易的信息，实际成交价格大约在 5 000 万美元上下。详见：http://blog.seattlepi.com /aerospace/2009/07/01/how-much-is-a-shiny-new-boeing-737-worth-not-72-million/。2016 年 7 月，奇普在西南航空公司组织了一次工作坊。关于飞行安全须知的分析数据来自 Frank Tooley, Katie Boynton, and Mike Overly，时间在 2016 年 8 月到 2017 年 1 月。

7. 来自丹在 2015 年 10 月对斯科特 · 贝克的访谈。

8. 来自 2016 年 3 月的一系列问卷调查的答复。

9. 关于会议的细节来自奇普在 2016 年 7 月对斯蒂芬·达尔的采访，以及 2016 年 7 月、8 月和 12 月与余松佳进行的采访。跟大家说实话：奇普受邀在威富进行了几次收费的演讲和工作坊，其间认识了余松佳，并从他那里听到了这段故事。杰斯伯背包的故事出现在公司内部的一段“亮点”视频中。（威富公司采纳了我们在《行为设计学：零成本改变》一书中的理念，特意对那些已见成效的亮点时刻进行了宣传，比如“到外面去”的会议所产生的显著成果。）

10. 这个数字是达尔估算出来的，依据是每个产品负责人在为威富公司领导证明其市场影响力时所给出的估算数字的总和。由于所有产品负责人的估算往往太过乐观，因此达尔和余松佳及其团队采取了一种保守的计算方式，对绝大多数产品只估算出了前三年的销售所得，这些数字的总额是 16 亿美元。另外，他们也记录了那些已经进入市场的创意所产生的收入，在本书付梓之时，威富已经将这个潜在价值为 16 亿美元的收益组合中大约 1/3 的产品带入了市场。

11. Dorthe Berntsen and David M. Rubin (2004), “Cultural Life Scripts Structure Recall from Autobiographical Memory,” *Memory & Cognition* 32(3): 427–42。哈蒙德的引言请见：Claudia Hammond (2012), *Time Warped: Unlocking the Mysteries of Time Perception*. Toronto: House of Anansi Press。

12. “The Effect of Predictability on Subjective Duration,” *PLoS ONE* 2(11), http://journals.plos.org/plosone/article?id=10.1371/journal.pone.0001264。伊格曼在以下这条博文中将特异目标现象的起因归于无聊，详见：http://blogs.nature.com/news/2011/11/on_stretching_time.html。

13. 关于研究的详细情况及研究结果请见：Bulkhard Bilger, “The Possibilian,” *New Yorker*, April 25, 2011。

14. 这句话的出处是：Luna and Renninger, *Surprise*, p. xx。

15. 这个事例出自丹与弗雷神父在 2016 年 7 月的一次谈话。

第五章 被现实“绊倒”

1. Sarah Boseley (2007, January 19). “Sanitation Rated the Greatest Medical Advance in 150 Years,” http:// www.theguardian.com/society/2007/jan/19/health.medicineandhealth3。

2. 数据来自世界卫生组织网站：http://www.who.int/water_sanitation_health/mdg1/en/。

3. “Shit Matters” video https://www.youtube.com/watch?v=_NSwL1TCaoY#t=11。

4. 摘自 CLTS 主页：http://www.clts-foundation.org/。

5. 关于横跨村庄的绝大部分描述都来自 CLTS 的手册，可在以下链接下载。丹根据在 2016 年 1 月对卡尔的访谈内容为这段故事添加了细节。详见：Kamal Kar (2008)，*Handbook on Community-Led Total Sanitation*. http://www.communityledtotalsanitation.org/sites/communityledtotal sanitation.org/les/cltshandbook.pdf。

6. 随地大小便现象减少的数据来自：CLTS annual report, 2014–15, and CLTS report “Igniting Action/Asia.”

7. 这句话出自丹对卡尔的采访。

8. 这段故事出自：http://fortune.com/microsoft-fortune-500-cloud-computing/。

9. 丹在 2015 年 6 月对迈克尔· 帕尔默进行过采访，也在 2015 年 7 月参加过课程设计学校的工作室。所援引的教师们的发言就出自那次工作室活动。丹也对克里斯特和劳伦斯进行了采访（分别在 2016 年 1 月和 2015 年 8 月），关于课程评审的数据及“指数式增长”的引言出自 http://cte.virginia.edu/programs/course-design-institute/testi monials/。

第六章 突破认知

1. 丹在 2016 年 7 月对查德威尔进行过一次采访。感谢布莱恩 · 克斯的介绍。

2. Rick Harrington and Donald A. Loffredo (2011)，“Insight, Rumination, and

Self-Re ection as Predictors of Well-Being," *Journal of Psychology* 145(1)。感谢塔莎·尤里克启发我们读了这篇文章。如果你对个话题有兴趣，那你就应该去找一找塔莎在2017年所著的关于自我认知的书：*Insight: Why We're Not as Self-Aware as We Think, and How Seeing Ourselves Clearly Helps Us Succeed at Work and in Life*. New York: Crown Business。

3. 出自一位读者在2015年12月对两位作者组织的一次问卷调查的回答。

4. 详见第五章和第六章中塔莎·尤里克的《洞见》(*Insight*) 一书（文献信息见上文）。

5. 在想出这个关于行动与认知的朗朗上口的句子时，我们还觉得自己挺厉害的。但是通过谷歌搜索，我们发现史蒂夫·乔尔克在9年前就开始说这句话了。

6. 关于这段往事，丹在2015年6月对迪宁进行了采访，并在2016年6月对赖德诺尔进行了采访。

7. 霍尼格在2016年3月给我们讲述了这个故事，我们在2017年1月通过电邮进行了跟进。

8. 这项研究的详细信息请见：David Scott Yeager et al. (2014)，"Breaking the Cycle of Mistrust: Wise Interventions to Provide Critical Feedback Across the Racial Divide," *Journal of Experimental Psychology* 143(2): 804–24。

9. 这个故事出自戴尔·菲尔普斯于2016年3月寄来的问卷调查答复，以及丹在2016年8月对菲尔普斯和兰加妮·斯克利尼瓦森的后续访谈。

10. 布莱克利故事的绝大部分内容以及她本人所说的话出自：Gillian Zoe Segal (2015)，*Getting There: A Book of Mentors*. New York: Abrams Image。这个例子中的事件时间线出自：http://www.spanx.com/years-of-great-rears。"对'不'这个词产生了免疫"这句话出自布莱克利在2016年3月在《公司》杂志女性峰会上的演讲。这段演讲不但给人启发，还很有趣：http://www.inc.com/sara-blakely/how-spanx-founder-turned-5000-dollars-into-a-billion-dollar-undergarment-business.html。

11. 这个名字的灵感来自《华盛顿邮报》的一篇文章，文章对美国国内几乎所有中餐厅的名字都进行了一番分析。正如作者所写："美国人已经久经沙场，看到'金龙自助'这样的名字就会想到中餐。如果你想要开一家名叫'多切斯特牧场'的中餐厅，那么餐馆八成会倒闭。"文章出处：Roberto A. Ferdman and Christopher Ingraham (2016, April 8), "We Analyzed the Names of Almost Every Chinese Restaurant in America. This Is What We Learned," Wonkblog, https://www.washing tonpost.com/news/wonk/wp/2016/04/08/we-analyzed-the-names-of-al most-every-chinese-restaurant-in-america-this-is-what-we-learned/?utm_term=.e32614cde10a。

第七章　认可他人

1. 这篇故事出自丹在 2015 年 8 月和 2016 年 1 月对斯卢普的访谈。

2. Gad Yair (2009), "Cinderellas and Ugly Ducklings: Positive Turning Points in Students' Educational Careers—Exploratory Evidence and a Future Agenda," *British Educational Research Journal* 35(3): 351–70。

3. Carolyn Wiley (1997), "What Motivates Employees According to Over 40 Years of Motivation Surveys," *International Journal of Manpower* 18(3): 263–80。

4. Bob Nelson (1997), *1501 Ways to Reward Employees*. New York: Workman。

5. 建议出自：Luthans Stajkovic (2009), "Provide Recognition for Performance Improvement." In *Handbook of Principles of Organizational Behavior*. West Sussex: Wiley, pp. 239–52。

6. 这两个故事来自注册参与亚马逊 MTurk 平台研究调查的用户。

7. 这段故事来自奇普在 2016 年 1 月和 2014 年 10 月对赖辛格进行的访谈。丹在 2016 年 1 月对休斯进行了采访。关于休斯，有一件值得一提的事：他是一位职业垒球运动员，不仅如此，他还登入了垒球名人堂。他的专业背景意味着他无法为业余垒球队效力，所以别打主意让他加入你所在单位的球队。

8. 丹在 2016 年 7 月采访了阿玛德和佩斯，在 2016 年 5 月和 2016 年 9 月采访了朱莉亚 · 普列托。芭芭拉 · 斯温尼克在 2016 年 10 月提供了对于继续捐款产生的积极影响的感谢信。还要感谢米西 · 谢尔博恩和西萨 · 伯克内格拉提供的细节。

9. 内容出自朱莉亚 · 普列托在 2016 年 8 月的电子邮件："我们的财年刚刚结束，总共寄出 90 422 封信。将这个数字与每个信封里的平均信件数量（11）相乘，总数正好是 994 642 封。"

10. 本书中出现的版本出自：https://www.brainpickings.org/2014/ 02/18/martin-seligman-grati tude-visit-three-blessings/。

11. 格拉斯曼是在网上和母亲进行这次交流的，他将这次对话记录了下来，大家可以看到两个人在这次通话中的情绪波动。文稿是从以下视频中转录的，视频请见：https://www.youtube .com/watch?v=oPuS7SITqgY, accessed July 17, 2016。另外，"我的身体几乎轻盈地飞了起来"，这句话出自丹和格拉斯曼在 2016 年 7 月的一次访谈。

12. M. E. P. Seligman, T. A. Steen, N. Park, and C. Peterson (2005)，"Positive Psychology Progress: Empirical Validation of Interventions," *American Psychologist* 60: 410–21。

第八章　多设里程碑

1. 丹在 2016 年 5 月和 7 月分别对乔西 · 克拉克和南希 · 格里芬（克拉克的母亲）进行了采访。"可怕的 W5D3 时刻"这句话出自一篇博文：https://pleasurenotpunishment.wordpress.com/2012/03/17/the-dreaded-w5d3/。

2. 在 2017 年 2 月 10 日，以 c25k 作为主题的 Instagram 推文已经有 225 000 篇。https://www.instagram .com/explore/tags/c25k/?hl=en。

3. 这句话出自：Steve Kamb (2016)，*Level Up Your Life: How to Unlock Adventure and Happiness by Becoming the Hero of Your Own Story.* New York: Rodale, p. 65。

4. 这个故事出自丹在 2016 年 7 月对斯科特 · 艾特尔的采访。

5. Eric J. Allen, Patricia M. Dechow, Devin G. Pope, and George Wu (2014, July)，“Reference-Dependent Preferences: Evidence from Marathon Runners,” NBER Working Paper No. 20343。

6. 摘自 https://www .scotthyoung.com/blog/2007/10/18/the-art-of-the -finish-how-to-go-from-busy-to-accomplished/。

第九章 锻炼勇气

1. 关于这个事件的内容出自 PBS 的精彩纪录片《美国民权之路》（1995）中《不畏牢狱》一集。包括此集在内的纪录片的绝大部分内容，都能在 YouTube（优兔）上找到。关于劳森组织的工作坊的内容，在《不畏牢狱》进行到大约 5 分钟的时候开始。泰勒·布兰奇的话出自他的一本对民权运动进行了准确描述的著作（1988），详见：*Parting the Waters: America in the King Years 1954–63*. New York: Simon & Schuster, p. 286。被捕者的人数出现在书内第 290 页。劳森关于“严酷的培训”的发言出自一部关于非暴力活动策略的历史演变的纪录片：“A Force More Powerful,” International Center on Nonviolent Confict, 1999, https://www.youtube.com/watch?v=_CGlnjfJvHg（访问时间：2017 年 3 月 2 日）。

2. S.J. Rachman (1982, March)，“Development of Courage in Military Personnel in Training and Performance in Combat Situations,” U.S. Army Research Report 1338。

3. 第 1、3、7 和 9 步骤来自：Jayson L. Mystkowski et al. (2006)，“Mental Reinstatement of Context and Return of Fear in Spider-Fearful Participants,” *Behavior Therapy* 37(1): 49–60。涉及 2 小时的数据来自：Katherina K. Hauner et al. (2012)，“Exposure Therapy Triggers Lasting Reorganization of Neural Fear Processing,” *Proceedings of the National Academy of Sciences* 109(23): 9203–08。“因为害怕蜘蛛而不愿意在草地上行走”这句话的出处是：http://www.livescience.com /20468-spider-phobia-cured-therapy.html。

4. Peter M. Gollwitzer (1999).“Implementation Intentions: Strong Effects of

Simple Plans," *American Psychologist* 54: 493–503。

5. 背景信息出自丹在 2010 年 6 月进行的一次采访。玛丽·金泰尔的话出自她在网站上的问答一栏：http://www.giving voice to value sthe book. com/about/。

6. 此案例研究的出处是：(2010, February 10)，"Rabbis in Training Receive Lessons in Real-Life Trauma," *New York Times*, http://www.nytimes.com/2010/02/10/nyregion/10acting.html，以及丹在 2017 年 2 月对梅纳凯姆·潘纳拉比的采访。感谢那夫塔利·拉文达拉比让我们注意到了这则故事。

7. 关于潘伟的元分析的一篇著名而公开的论文请见：http://www.scientificamerican.com/article/why-just-say-no-doesnt-work/。皮姆·库伊帕斯 2002 年的论文请见："Effective Ingredients of School-Based Drug Prevention Programs: A Systematic Review," *Addictive Behaviors* 27: 1012。

8. 找"托儿"提出难以启齿的问题。信息来自读者们对作者在 2016 年 11 月组织的问卷调查的回答。

9. Frances J. Milliken (2003)，"An Exploratory Study of Employee Silence: Issues That Employees Don't Communicate Upward and Why," http://w4.stern.nyu.edu/emplibrary/Milliken.Frances.pdf。

10. Charlan Nemeth and Cynthia Chiles (1988)，"Modelling Courage: The Role of Dissent in Fostering Independence," *European Journal of Social Psychology* 18: 275–80。

11. Larissa McFarquhar (2009, November 21)，"The Better Boss," *New Yorker*。

第十章　共同使命感

1. 这个故事出自丹在 2016 年 9 月和 2017 年 2 月对索尼娅·罗兹的采访，以及奇普在 2016 年 9 月对麦克·墨菲、在 2016 年 6 月对琳恩·斯科兹拉斯的采访。特别要感谢琳恩组织了一次长达半天的焦点小组活动，召集了 20 多位夏普内部人员与奇普探讨夏普的转变。更多详细背景请见罗兹的展示文件："Making Health Care Better: The Story of the Sharp Experience," https://www.oumedicine.com/docs/excel/sharpe experience--sonia-rhodes-(4-29-11).pdf?sfvrsn=2, accessed March 7, 2017。"全宇宙中最棒的医疗保健体系"就出自这份文件。这个故事的一些细节信息出自罗兹和加里·亚当森在 2009 年的著作：*The Complete Guide to Transforming the Patient Experience*. New York: HealthLeaders Media。

2. 此处的病人和医生的满意度，以及盈利等数据，都出自布德里奇美国国家质量奖的申请文件，也被以下著作援引：D. G. Lofgren et al. (2007)，"Marketing the Health Care Experience: Eight Steps to Infuse Brand Essence into Your Organization," *Health Marketing Quarterly* 23(3): page 121。

3. 普罗文的研究详述及评语出自他为《卫报》所写的一篇文章：https://www.theguardian.com/books/2012/sep/02/why-we-laugh-psychology-provine。

4. Dimitris Xygalatas et al. (2013)，"Extreme Rituals Promote Prosociality," *Psychological Science* 24: 1602。在捐款人"匿名"的情况下，研究人员如何知道哪组人捐赠了多少钱呢？原来，他们为信封和调查问卷加了编号，以便在保持参与者匿名的情况下将二者联系起来。关于"高折磨度仪式旁观者"的实验结果，请见：Ronald Fischer and Dimitris Xygalatas (2014)，"Extreme Rituals as Social Technologies," *Journal of Cognition and Culture* 14: 345–55。关于陌生人在冰水中完成分类任务的实验结果，请见：Brock Bastian et al. (2014)，"Pain as Social Glue: Shared Pain Increases Cooperation," *Psychological Science* 25(11): 2079–85。

5. 汉森有关使命感 / 热情的材料出自他即将出版的一本书的初稿，书名为：*Great at Work: How Top Performers Work Less and Achieve More*。

6. 艾美·瑞思妮斯基的这句话出自：Angela Duckworth (2016)，*Grit: The Power of Passion and Perseverance*. New York: Scribner, p. 153。

7. Adam M. Grant (2008)，"The Signifcance of Task Significance: Job

Performance Effects, Relational Mechanisms, and Boundary Conditions," *Journal of Applied Psychology* 93(1): 108–24。

8. Adam M. Grant (2014), in Morten Ann Gernsbacher, ed., *Psychology and the Real World,* 2nd ed. New York: Worth。

9. Amy Wrzesniewski, Nicholas LoBuglio, Jane E. Dutton, and Justin M. Berg (2013),"Job-Crafting and Cultivating Positive Meaning and Identity in Work," *Advances in Positive Organizational Psychology* 1: 281–302。

10. 这个故事来自奇普在 2016 年 6 月组织的一次集体访谈，巴伦斯也参加了那次访谈。

第十一章 加深感情

1. 斯坦顿的故事来自丹在 2016 年 1 月对苏珊·史蒂文森、卡莉·约翰·费舍罗、玛丽莎·布莱恩特和哥伦比亚区公立学校（DCPS）的安娜·格莱格里的采访，以及史蒂文森提供的文件。关于停学和擅自旷课的数据由弗雷博伊安基金会提供，并通过了安娜·格莱格里的确认。"擅自旷课"的定义是由 DCPS 提供的。关于学校整改后几年内的学生成绩的文件，由弗雷博伊安基金会提供，并通过费舍罗或 DCPS 确认。其中，学生的阅读和数学的分数出自：https://assets.documentcloud.org/documents/1238775/2014-dc-cas-scores-by-school.pdf。

2. H. T. Reis (2007),"Steps Toward the Ripening of Relationship Science," *Personal Relationships* 14: 1–23。这篇论文在赖斯获得"杰出学者"奖的时候得到了人们的关注，这个奖项是一个心理学社团专为研究亲密关系的学者颁发的。这样的认可给赖斯提供了一个平台，让他在一次业内会议上为同业的研究者们指明了研究的方向，而这篇论文就是他所指出的研究方向。

3. 这个研究发现出自：http://www.ncbi.nlm.nih.gov/pubmed/ 26015413。

4. Marcus Buckingham and Curt Coffman (1999), *First Break All the Rules.* New York: Simon & Schuster。

5. 除特殊标注之处，比索格纳诺的故事全部来自丹在 2016 年 8 月的采访。“医生们会居高临下地对他说话”以及“我挺不过去了”这些话出自：http://theconversationproject.org/about/maureen-bisognano/。“你想做什么？”这个问题出自：Michael J. Barry and Susan Edgman-Levitan (2012)，“Shared Decision Making—The Pinnacle of Patient-Centered Care,” *New England Journal of Medicine* 366 : 780–81。向读者交代一下，我们在《行为设计学：零成本改变》中介绍过关于 IHI 的其他方面的内容，后来，IHI 付费邀请丹进行了几次主题演讲，他也是由此契机遇到莫琳 · 比索格纳诺，并听说这个故事的。

6. 这个故事来自丹在 2017 年 2 月与詹 · 罗杰斯的谈话。

7. 处理“包袱”的数据来自 CEB 公司提供的研究文件。丹与马特 · 迪克森及埃里克 · 布罗文的通话发生于 2016 年 8 月。

8. Z. Rubin (1974)，“Lovers and Other Strangers: The Development of Intimacy in Encounters and Relationships: Experimental studies of self-disclosure between strangers at bus stops and in airport departure lounges can provide clues about the development of intimate relationships,” *American Scientist* 62(2): 182–90。

9. A. Aron et al. (1997). “The Experimental Generation of Interpersonal Closeness: A Procedure and Some Preliminary Findings,” *Personality and Social Psychology Bulletin* 23: 363–77。

10. 出自伊拉姆在 2016 年 3 月对问卷调查的回复，以及 2016 年 8 月的后续电邮交流。

11. 车队维修技师的事例并非杜撰——你真的可以雇请专人在你的外场会议中打造同样的体验。丹亲眼见过，觉得这种方式挺好。详细信息请见：http://www.bobparker.ca/pitcrewblog/。“关键对话”这个词来自一本很受欢迎也很实用的书：Kerry Patterson, Joseph Grenny, Ron McMillan, and Al Switzler (2002)，*Crucial Conversations: Tools for Talking When Stakes Are High*. New York: McGraw-Hill Education。

第十二章 宝贵时刻

1. http://toastable.com/2010/lets-get-personal/。

2. http://www.bronnieware.com/regrets-of-the-dying/。

3. 内容来自丹在 2015 年 6 月对朱莉 · 卡斯滕的采访。

4. 我们在2016年8月初为订阅者寄了一份问卷，这些故事是在2016年8—9月收集的。

5. 这个故事是从丹在 2016 年 10 月对达西 · 丹尼尔 、杰西卡 · 马什、柯里 · 福格蒂的采访，以及从达西的博客中取材的。博文地址为：https://bravefragilewarriors.wordpress.com/2016/04/03/snow-day-in-the-hospital/。